Brigitte
Kindersachen selbstgemacht
2

100 Ideen zum Nähen und Stricken (6–11 Jahre)

Von
Gundi Heine
und
Jutta Barthel

Ein Brigitte-Buch
im Mosaik Verlag

Inhalt

Herausgeber:
Peter Brasch

Lektorat:
Marita Heinz

Gestaltung:
Dietmar Meyer,
Ekkhart Blunck

Fotos:
Klaus Thumser (43),
Rolf Paustian (4),
Rudolf Maria Nüttgens (1)

Illustrationen:
Sabine Wilharm

Schnitt- und Strickvorlagen:
Helga Aßhauer

Strickanleitungen:
E. Lutze

Lithografie:
Bütehorn GmbH, Hannover

Produktion:
Druckzentrale G+J

Druck:
Mohndruck, Graphische
Betriebe GmbH, Gütersloh

Printed in Germany.
2. Auflage 1984
ISBN 3-570-01810-5

Jutta Barthel mit ihrem Sohn Vincent (3 Jahre) und
Gundi Heine mit ihren Kindern Anna (8 Jahre) und Tobias (11 Jahre).

Gundi Heine
studierte an den Werkkunstschulen Kassel, Bielefeld und Wuppertal und machte den Abschluß als Stoff-Designerin. Sie entwarf ein Jahr lang Stoffmuster in einem Pariser Atelier und arbeitete vier Jahre in einer Werbeagentur. Seit 12 Jahren ist sie als Redakteurin verantwortlich für die Kindermode in der Brigitte.

Jutta Barthel
machte nach dem Abitur eine Schneiderlehre. Das Studium an der Fachhochschule Hamburg schloß sie als Mode-Designerin und Meisterin im Schneiderhandwerk ab. Sie volontierte bei einer Frauenzeitschrift, arbeitete zwei Jahre als freie Journalistin und schreibt seit zehn Jahren als Redakteurin die Texte im Brigitte-Modeteil.

Vorwort

Vieles, was Kinder zum Anziehen für Vorschule und Schule brauchen, können Sie leicht selbst nähen oder stricken. Was Sie dafür an Schnitten und Anleitungen benötigen, finden Sie in diesem Buch: Kleider, Hosen, Blusen, Hemden, Röcke, Jacken, Mäntel, Pullover, Pullunder, Strickjacken, Mützen und Schals. Dazu originelle Anregungen und Ideen, wie man vorhandene Sachen auffrischt, ausbessert oder weiterverwendet.
Kinder in diesem Alter verkleiden sich besonders gern. Deshalb machen wir Ihnen eine Reihe von Kostümvorschlägen. Jeden dieser Schnitte können Sie in mehreren Variationen nähen. Sie können das fertige Modell aber auch mit wenigen Zutaten schnell verändern.
Grundlage dieses Buches sind erprobte Modelle aus dem Brigitte-Kinderladen. Sie wurden überarbeitet und um viele neue Ideen ergänzt.

1
Hosen und Hosenrock

1. TEIL

Schnell genäht

sind alle Modelle, die Sie im ersten Teil des Buches finden. Es beginnt mit leichten Sommersachen und endet mit wetterfesten Mänteln, Jacken und gemütlichen Bademänteln.
Genäht wird nach einfachen Schnitten mit ausführlichen Nähanleitungen.
Am besten lesen Sie vor dem Nähen die Anleitung einmal ganz durch, das erleichtert Ihnen den Überblick.
Wenn Sie bisher wenig Näherfahrung haben, hilft es Ihnen sicher, eine fertige Hose oder ein Kleid als Anschauungsmaterial daneben zu legen.
Alle Modelle gibt es in zwei Größen mit Ausnahme der Schnitte, die lange Zeit mitwachsen. Die Größen entsprechen den Körpergrößen des Kindes in Zentimetern. Sie sind nicht immer vom Alter abhängig. Wenn die Körpergröße Ihres Kindes zwischen den beiden angegebenen Maßen liegt, können Sie die Mitte zwischen den beiden Größenlinien als Schnitt nehmen. (Weitere Tips dazu auf Seite 60.)

1 Hosen und Hosenrock in Größe 116 bis 140

Alle Modelle entstehen nach einem einzigen Schnitt, nur die Beinlängen machen den Unterschied aus. An diese supereinfache Vorlage können sich auch Anfänger wagen: Die Hosen kommen ohne Reißverschluß aus, und die lässige Weite kaschiert kleine Nähfehler. Die Taille wird mit Durchzugbändern oder – wie bei der weißen Hose – mit einem Gummizug in Form gebracht. Dann läßt sich die Hose noch einfacher an- und ausziehen!

ANLEITUNG:

Stoffverbrauch: 1,10 m blauer und 10 cm roter Baumwollstoff (Hosenrock); 1,35 m blauer oder weißer Baumwollstoff (Hosen), alle 90 cm breit; 60 cm Gummiband, 2,5 cm breit für die weiße Hose.

Zuschneiden und Nähen: Das Schnitteil 2mal mit 1 cm breiter Nahtzugabe und 4 cm breiten Säumen zuschneiden. Für das Bindeband (in Blau oder Rot) einen Streifen 1,50 m lang und 3 cm breit und die 2 Taschen 22x18 cm groß zuschneiden. Die inneren Beinnähte schließen. In die Seiten 12 cm lange Schlitze einschneiden, die Kanten auseinanderbiegen und in einer geraden Linie mit einem 3 cm breiten Streifen 1,5 cm breit einfassen. Den Paspel an der Schlitzmitte in den Bruch zusammenlegen und mit einer schräg nach oben verlaufenden Naht zusteppen. Die obere Hosenkante 2 cm breit umsteppen. Durch diesen Tunnel später das Bindeband ziehen. Vier 1 cm breite Gürtelschlaufen nähen und sie unterhalb des Tunnels auf die Vorderhose steppen. Die Tascheneingriffe 3 cm breit umsteppen und die Taschen knappkantig aufsteppen. Das Bindeband auf 1 cm Breite verstürzen. Das Band zuerst durch den rückwärtigen Tunnel ziehen, dann durch den vorderen Tunnel und noch einmal durch den rückwärtigen Tunnel. Dann die Bandenden durch die Gürtelschlaufen ziehen. Die Beinlängen umsteppen.

Bei der weißen Hose keine Seitenschlitze einnähen, sondern den gesamten oberen Beleg als Tunnel umsteppen. An der rückwärtigen Mittelnaht ein kleines Stück auftrennen, Gummiband einziehen und die Naht mit der Hand zunähen.

Tip: Hosen und Hosenrock sehen auch aus gestreiften, karierten oder geblümten Stoffen lustig aus. Die Stoffe dürfen wegen des weiten Schnitts nicht zu dick sein. Achten Sie beim Zuschneiden darauf, daß auffallend große Muster an den vorderen und hinteren Nähten aufeinandertreffen.

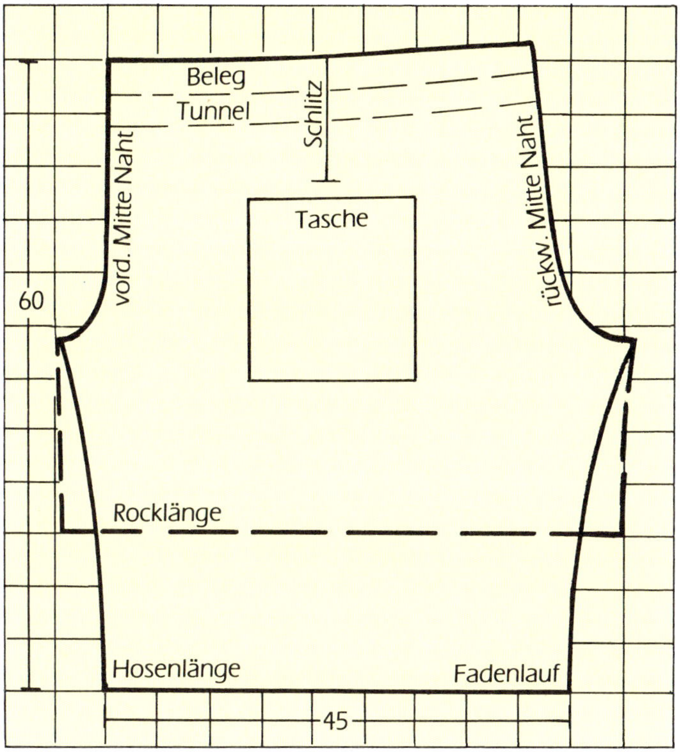

Ein Karo ist 5x5 cm groß.

Wichtig für die Schnittanfertigung

Alle Schnitte sind auf ein Karo-Raster gezeichnet. Zum Anfertigen der originalgroßen Schnitteile brauchen Sie zum Beispiel das Raster nur mit 5x5 cm großen Karos auf einen Bogen Pappe zu zeichnen (am besten mit schwarzem Filzschreiber). Dann Seidenpapier auflegen und die Schnittlinien aufzeichnen. Das Raster ist günstig für Ausschnitte und Rundungen, die Sie aus freier Hand nur ungenau treffen würden. Die Karo-Pappunterlage können Sie immer wieder benutzen, so daß sich die Mühe lohnt. Wichtig: Alle Schnitte sind ohne Nahtzugaben gezeichnet.

2 Bermudas in Größe 128 und 152

Das sind die idealen Sommerhosen für Mädchen und Jungen: Es läßt sich prima darin toben, und sie sehen aus jedem Stoff hübsch aus (auch mit Karos, Streifen oder anderen Mustern). Die Hosen haben Bundfalten, vorn einen Reißverschluß, Eingriffstaschen an den Seiten und Schlitze an den Hosenbeinen. Der Schnitt ist auf Zuwachs berechnet: Am Anfang werden die Beine einfach umgekrempelt, und der Gummizug im hinteren Bündchen wird etwas strammer angezogen.

ANLEITUNG:

Stoffverbrauch und Material: 50 cm Stoff, 140 cm breit, für Gr. 128 (Gr. 152 = 70 cm). Je 1 Reißverschluß, 14 cm lang; 30 cm Gummiband, 2,5 cm breit; Taftreste; 1 Knopf oder Metalldruckknopf.

Zuschneiden und Nähen: Die Schnitteile je 2 mal mit folgenden Nahtzugaben zuschneiden: bei den inneren und äußeren Beinnähten sowie bei den Tascheneingriffen 2 cm; bei der Schrittnaht bis zum Reißverschlußzeichen 3 cm, danach 1 cm. Bei zu verstürzenden Nähten und allen anderen Kanten 1 cm, für die Säume 4 cm zugeben. Die Taschenbeutel zweimal aus Taft zuschneiden. Das Bündchen 62 (75) cm lang und

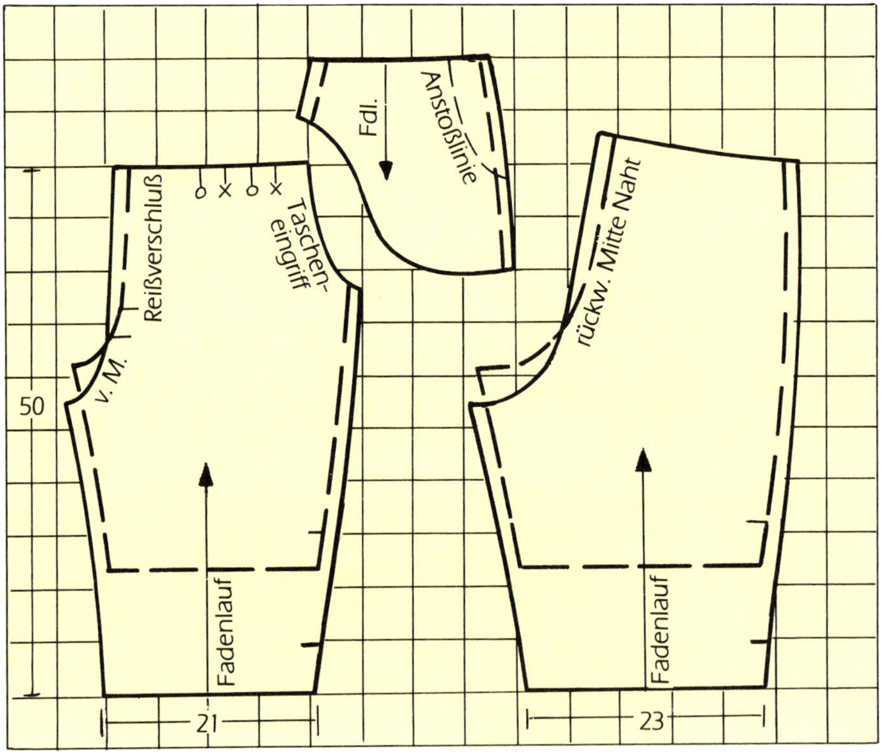

Ein Karo ist 5x5 cm groß
Gr. 128 ---- Gr. 152 ——

2
Bermudas

8 cm breit zuschneiden. Den Streifen für die Gürtelschlaufen 20 cm lang und 3 cm breit zuschneiden.
Die inneren Beinnähte und die Schrittnaht bis zum Reißverschlußquerzeichen schließen.
Die Tascheneingriffe umbügeln und die Taftbeutel einsetzen. Die Eingriffskanten knappkantig und steppfußbreit daneben absteppen.
Die Taschenteile unter die Tascheneingriffe heften. Die Falten X auf O einlegen und etwa 4 cm lang zusteppen. Die Taschenbeutel schließen und zur vorderen Mitte bügeln. Den Beleg am Reißverschlußschlitz umbügeln und den Reißverschluß verdeckt einsteppen.
Die Seitennähte schließen. Dabei unten die Schlitze offenlassen. Das Bündchen ansetzen.
Die Naht an den Seitennähten innen etwas auftrennen, das Gummiband in das hintere Bündchen ziehen und auf den Oberstoff durchsteppen. Die Beinlängen und die Nahtzugaben an den Schlitzen umsteppen. Den Streifen für die Gürtelschlaufen auf 1 cm Breite verstürzen, in fünf Teile teilen und die Schlaufen auf das Bündchen nähen. Das Bündchen mit Knopf und Knopfloch oder einem Metalldruckknopf schließen.

3 Sommerhose in Größe 116 und 140

Schön bequem und schnell fertig ist die lustige Hose auf S. 16. Die langen Beine werden nach unten schmaler, die Weite ist oben mit einem Gummizug eingehalten. Sie brauchen keinen Reißverschluß und kein Bündchen anzunähen und können die Hose für Mädchen und Jungen arbeiten.

ANLEITUNG:
Stoffverbrauch und Material: 1,50 m für Gr. 116 (Gr. 140 = 1,80 m) roter Baumwollstoff, 90 cm breit, 1,50 m Gummiband, 1 cm breit.
Zuschneiden und Nähen: Achtung, die Hosen sind knöchellang und haben einen tiefsitzenden Schritt. Den Papierschnitt anprobieren. Die Schnitteile mit 1 cm breiter Nahtzugabe und die Beinlängen mit 4 cm breiten Säumen zuschneiden. Die Seitennähte schließen. Die vordere und die rückwärtige Mittelnaht steppen, danach die inneren Beinnähte in einem Arbeitsgang nähen. Den Beleg an der oberen Hosenkante zur linken Stoffseite kippen und zwei 1,5 cm breite Tunnel steppen. In der vorderen Mitte bleiben bis X ein paar Zentimeter glatt. Das Gummiband in beide Tunnel ziehen und an beiden Seiten bei X feststeppen. Danach die Hosenbeinlängen umsteppen.

Tip: Sommerhosen mit Gummizug im Bündchen wachsen lange mit! Einen Schnitt in Gr. 116 können Sie schon für ein Kind, das Gr. 104 braucht, verwenden: Nähen Sie oben Trägerbändchen aus dem Hosenstoff an, und binden Sie diese auf den Schultern. Der Gummizug sitzt dann in Brusthöhe und später in der Taille.

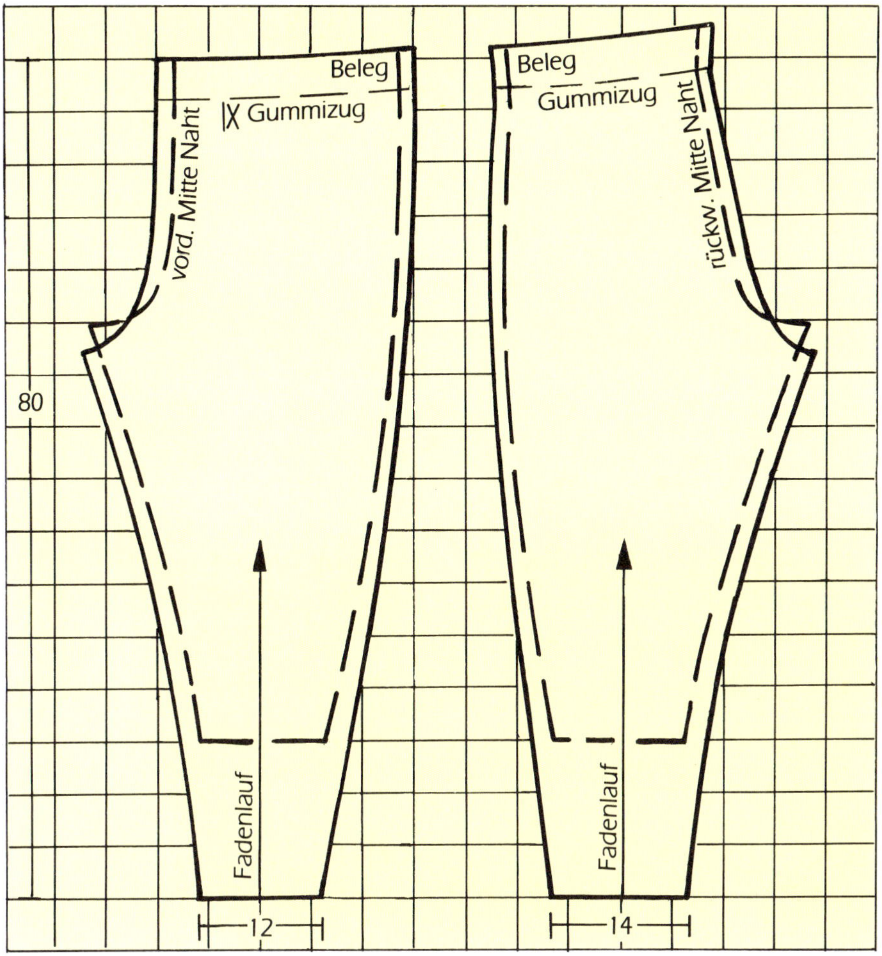

Ein Karo ist 5x5 cm groß
Gr. 116 _ _ _ _ Gr.140 ______

3 Sommerhose

4 Pluderhose

4 Pluderhose in Größe 128 und 140

Weit wie ein Rock und angenehm luftig ist diese Pluderhose. Sie hat einen ganz tiefen, breiten Schritt und ist im Handumdrehen zusammengenäht. Die Hosenbeine haben Bündchen mit schmalen Bindebändern. Die aufgesetzten Taschen schmückt eine kleine Rüsche. Für diesen Schnitt können Sie nur ganz leichte, duftige Stoffe nehmen.

ANLEITUNG:

Stoffverbrauch und Material: 1,80 m für Gr. 128 (Gr. 140 = 2 m) geblümter Baumwollstoff, 90 cm breit; 0,70 m Gummiband, 2 cm breit; 0,10 m Vlieseline, 60 cm breit.

Zuschneiden und Nähen: Das Schnitteil 2mal mit 1 cm breiter Nahtzugabe zuschneiden. Für die Taschenrüschen 2 Schrägstreifen je 9 cm breit und 23 cm lang zuschneiden. Für die Kniebündchen 2 gerade Streifen je 30 (32) cm lang und 6 cm breit zuschneiden. 4 Bindebänder, je 25 cm lang und 3 cm breit, zuschneiden. Die Mittelnähte schließen, danach die inneren Beinnähte steppen. Die Schrägstreifen zur Hälfte in den Bruch bügeln und einkräuseln. Die Rüschen an die Tascheneingriffe steppen und die Taschen knappkantig aufsteppen. Die Kniebündchen zur Hälfte mit Vlieseline versteifen, schließen. Die Hosenlängen einkräuseln und die Bündchen ansetzen (fertige Breite = 2,5 cm). Die Bündchen knappkantig absteppen. Die Bindebänder auf 1 cm Breite verstürzen und auf die seitliche Bündchenmitte steppen. Mit den Bindebändern die Beinweite regulieren. Den Beleg an der oberen Hosenkante zur linken Stoffseite kippen und für das Gummiband durchsteppen. Das Gummiband auf die gewünschte Weite einziehen.

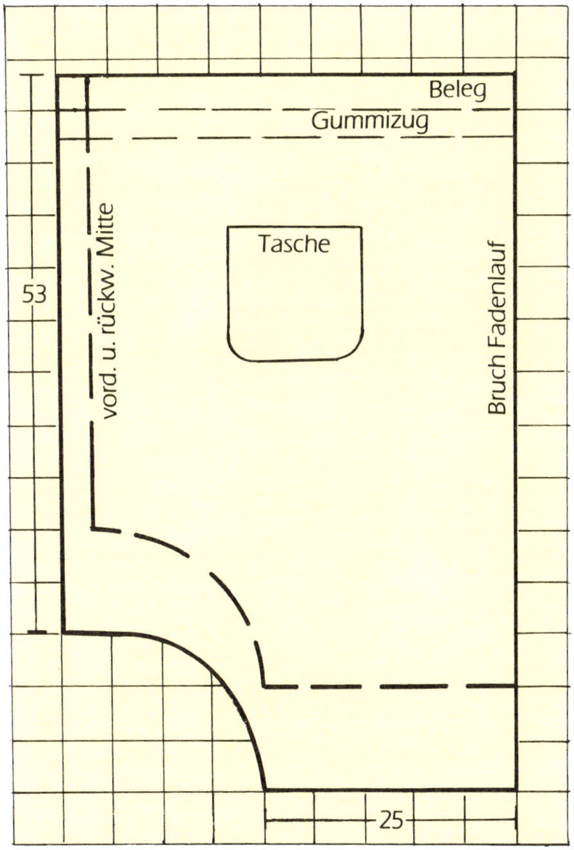

Ein Karo ist 5x5 cm groß. Gr. 128 ---- Gr. 140 ——

5 Sommerrock mit Schürze in Größe 128 und 140

Ganz einfach und im Handumdrehen fertig: Die Blümchenröcke bestehen aus geraden Teilen, die oben mit Gummiband eingekraust werden. Sie können dafür alle leichten Stoffe verwenden (am besten 90 cm breit). Wenn Sie am Saum ein paar Querfalten einlegen (und später herauslassen), wachsen die Röcke jahrelang mit. Soll der Rock Taschen haben: einfach große Vierecke aufsetzen oder Taschenbeutel in die Seitennähte nähen. Abwechslung und lustige Ergänzung ist ein Überrock aus einem anders gemusterten Stoff (rechts), der hinten und vorne wie eine Schürze übergezogen und an beiden Seiten gebunden wird. Wer will, kann die Schürzenteile auch am Rock feststeppen – dann verrutschen sie nicht.

ANLEITUNG:

Stoffverbrauch und Material: 1,50 m für Gr. 128 (Gr. 140 = 1,70 m) geblümter Baumwollstoff, 90 cm breit; 0,70 m Gummiband, 2 cm breit für die Röcke; 1,20 m für Gr. 128 (Größe 140 = 1,50 m) geblümter Baumwollstoff für die Schürze, alle Stoffe 0,90 m breit.

Zuschneiden und Nähen:

Rock: Das Schnitteil 2mal mit 1 cm Nahtzugabe zuschneiden. An der oberen Kante 5 cm für den Gummizug, an der Länge 8 cm für die Querfalte und 5 cm für den Saum zugeben. Die Teile zum Rock schließen. Den Saum 5 cm breit umsteppen. Von der rechten Stoffseite zwei Querfalten 2 cm breit absteppen. Den Beleg an der oberen Rockkante 5 cm breit zur linken Stoffseite bügeln. Für das Gummiband 2 cm unterhalb der Rockkante einen 2 cm breiten Tunnel steppen. Gummiband auf Taillenweite einziehen.

Schürze: Das Schürzenteil 2mal 60 cm lang (Gr. 140 = 70 cm) und 70 cm breit zuschneiden. Die Bündchen mit den Bindebändern 2mal 95 cm lang und 7 cm breit zuschneiden.

Die Längen 5 cm breit umbügeln, feststeppen und die Seitenkanten schmal umsteppen und bügeln. Die oberen Kanten auf 25 (30) cm einkräuseln. Die Bündchen Mitte auf Mitte an die Schürzenteile nähen. Die Bindebandenden gegeneinander einkippen. Das Innenbündchen gegen die Ansatznaht säumen und alle Kanten absteppen.

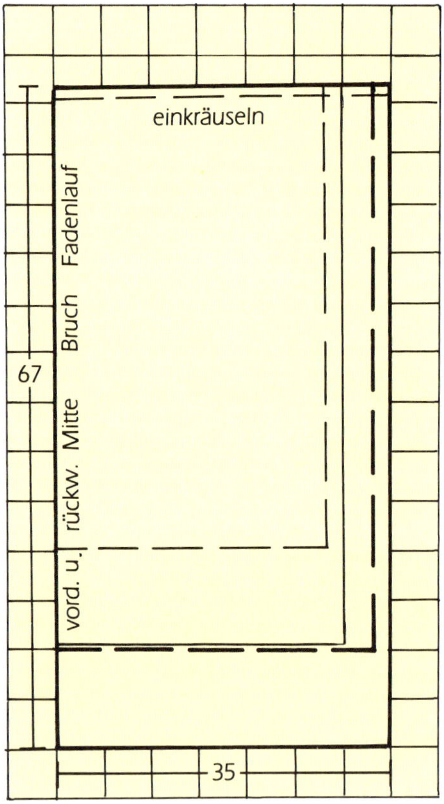

Ein Karo ist 5x5 cm groß
Gr. 128 ---- Gr. 140 ——

5
Sommerrock mit Schürze

6
Kleider mit Flügelärmeln

6 Kleider mit Flügelärmeln in Größe 128 und 152

Beide Kleider haben eine kleine Passe mit daran angesetztem Rock. Sie unterscheiden sich nur durch die verschiedenen Ärmel und durch die Kräuselung unterhalb der Ansatznaht. Die Passen werden doppelt zugeschnitten und rundherum verstürzt: Dadurch sind die Kanten schnell und einfach versäubert. Beim graugrundigen Kleid wird an die breiten Flügelärmel eine schmale Rüsche angesetzt. Der Rock ist mit großen Stichen eingekräuselt. Beim Kleid rechts sitzt nur eine kleine Rüsche an den Armausschnitten. Das Rockteil ist mehrfach mit elastischem Nähfaden eingehalten und wirkt wie gesmokt. Beide Röcke haben als Saumabschluß eine schmale Rüsche, darüber sehen eingelegte Querfalten hübsch aus. Man kann sie Jahr für Jahr auslassen, denn die Weite der Kleider paßt mehrere Sommer.

ANLEITUNG:

Stoffverbrauch und Material: 1,90 m für Gr. 128 (Gr. 152 = 2,20 m), 90 cm breit; 3 Knöpfe; elastischer Nähfaden.

Zuschneiden und Nähen: Die Schnitteile mit 1 cm breiter Nahtzugabe zuschneiden. Die Passenteile 2mal zuschneiden. Die Rüschen werden als gerade Stoffstreifen zugeschnitten: für den Saum 2,70 m lang und 5 cm breit, für die Armausschnitte 2mal 45 cm lang und 5 cm breit. Für das Kleid mit doppelten Ärmelrüschen müssen Sie zusätzlich 2 Streifen mit 32 cm Länge und 8 cm Breite zuschneiden, außerdem für die unteren Armausschnittkanten 3 cm breite Formstreifen. Für die drei Querfalten an der Rocklänge 9 cm zugeben. Rock: Seitennähte schließen. In die rückwärtige Rockmitte einen Schlitz einschneiden und die Schlitzkanten schmal umsteppen. Vorder- und Rückenteil einkräuseln, entweder mit 2 Reihen Nähgarn und großeingestelltem Maschinenstich oder mit elastischem Nähfaden (Oberfaden = Nähgarn; Unterfaden = elastischer Nähfaden). Beim elastischen Nähfaden 5 Reihen in 0,8 cm breiten Abständen steppen. Die Armausschnittkanten mit Formstreifen verstürzen und absteppen.

→

Tip: Wenn diese Kleider zu klein geworden sind (der Stoff aber noch gut ist), können Sie daraus im Handumdrehen niedliche Sommerröcke machen: Schneiden Sie die Passen ab, und kräuseln Sie die Taille mit einem breiten Gummizug neu ein.

Passe: Die Schulternähte schließen und die Ausschnittkanten verstürzen. Die Passe an das Rockteil setzen, die innen liegende Passe mit der Hand ansäumen. Eine Seite der Rüsche nahtbreit umlegen und mit Zickzackstichen schmal umranden, die andere Seite einkräuseln. Die Rüsche an die Kleiderlänge setzen. 5 cm oberhalb der Länge 3 Falten je 1,5 cm breit von der rechten Stoffseite abnähen. Die Faltenbrüche zum Saum hin bügeln. In die rückwärtige Passenmitte die Knopflöcher einarbeiten und die Knöpfe annähen. Die Tascheneingriffe umsteppen und die Taschen knappkantig aufsteppen.

Beim Kleid mit einfacher Rüsche um die Armausschnittkanten bis zu den Seitennähten ansetzen, dabei die Enden schmal auslaufen lassen. Die Passenkante knappkantig absteppen.

Beim Kleid mit doppelten Rüschen die schmale Rüsche einkräuseln und an die Flügel setzen. Danach die Flügelärmel einkräuseln und an die seitlichen Passenkanten setzen.

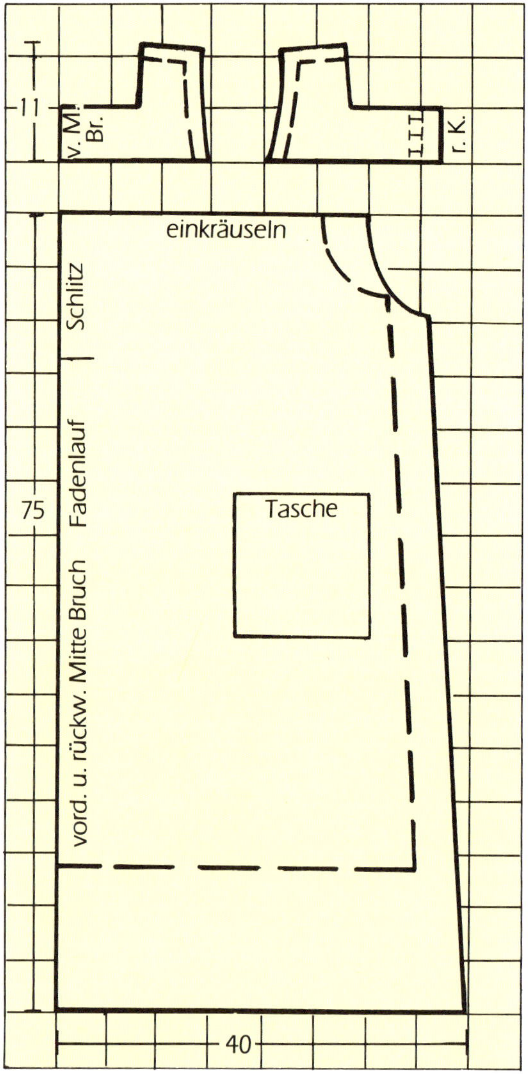

Ein Karo ist 5x5 cm groß. Gr. 128 ____ Gr. 152 ____

7 Schürzenkleid in Größe 116 und 140

Einen der einfachsten und vielseitigsten Kleiderschnitte zeigt dieses Schürzenkleid: Es wird hinten gewickelt und kann auch über T-Shirts oder Blusen gezogen werden – je nachdem, welchen Stoff Sie dafür wählen. Hier wirkt das Kleid ganz fein, weil es aus weißem Baumwollstoff genäht und fein bestickt ist (das Stickmotiv finden Sie auf Seite 75). Sportlicher wirkt das Kleid aus einem farbigen Baumwollstoff, und winterlich-warm wird es aus Waschwolle oder leichtem Flanell. →

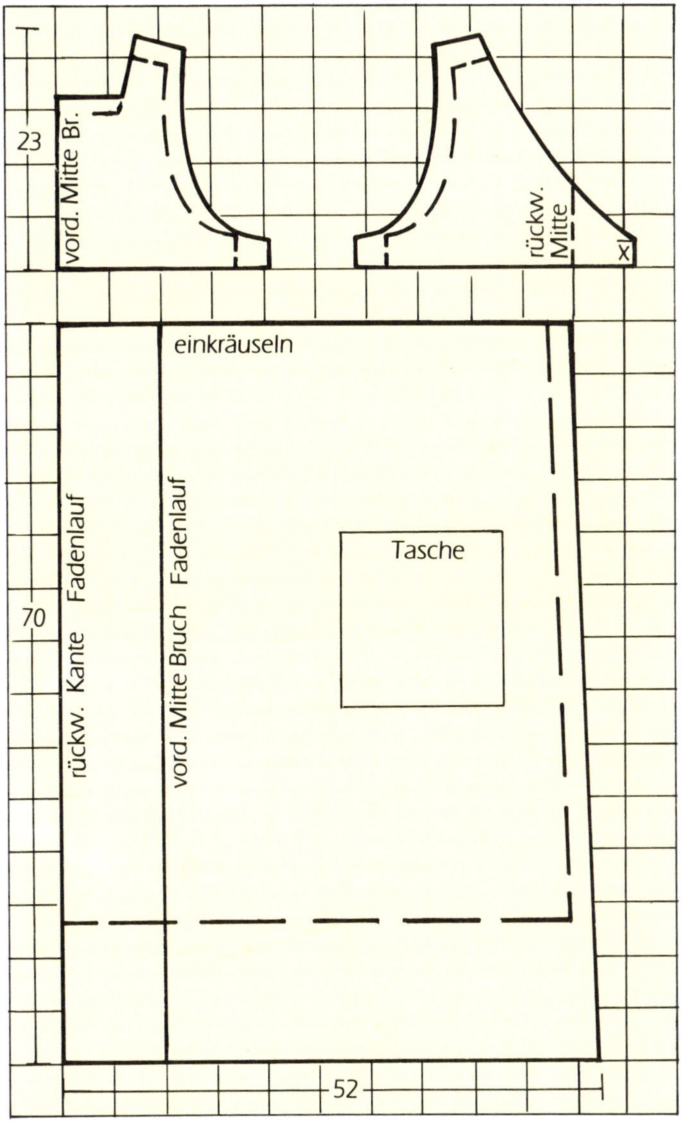

Ein Karo ist 5x5 cm groß. Gr. 116 _ _ _ _ Gr. 140 _____

7
Schürzen-kleid

ANLEITUNG:

Stoffverbrauch und Material: 2,20 m Stoff für Gr. 116 (Gr. 140 = 2,50 m), 90 cm breit.

Zuschneiden und Nähen: Die Schnitteile mit 1 cm breiten Nahtzugaben zuschneiden. Die Passenteile doppelt zuschneiden oder mit einem 4 cm breiten Formstreifen am Ausschnitt verstürzen. Am Rock 4 cm für den Saum und 8 cm für die beiden Querfalten zugeben. Die Rüschen an den Armausschnitten sind je 50 cm lang und 5 cm breit. Die Bindebänder 3 cm breit und 70 cm lang zuschneiden. Die Taschen aus dem Schnitt herauskopieren, an der oberen Kante 3 cm zugeben, an den anderen Seiten je 1 cm. Die Schulternähte an den Passen schließen, den Ausschnitt mit Formstreifen oder den doppelt zugeschnittenen Teilen verstürzen. Die Rüschen an einer Seite schmal umzackeln, an der anderen einkräuseln und in die Armausschnitte nähen. Die Seitennähte im Rock schließen, die hinteren Kanten umsteppen, die oberen Kanten einkräuseln und den Rock an die Passe setzen. Dabei die Armausschnitte mit den Rüschen etwas übereinanderlegen. Die Tascheneingriffe 3 cm breit umsteppen und die Taschen aufsetzen. Den Rock säumen, über dem Saum zwei 4 cm tiefe Falten einlegen. Den Ausschnitt schmal und steppfußbreit daneben absteppen. Die Bindebänder auf 1 cm Breite verstürzen und hinten auf die Passenteile steppen.

8

Sommerkleid in Größe 116 und 140

Angeschnittene Ärmel, ein kleiner Kragen und Bänder, die im Rücken gebunden werden: Dieses Kleid steht auch Mädchen, die zusehends in die Höhe schießen und schlank und schmal sind. Praktisch sind die großen, aufgesetzten Taschen. Die Querfalten über dem Saum sind später nützlich zum Verlängern (Foto auf Seite 26, Schnittschema auf Seite 28).

ANLEITUNG:

Stoffverbrauch und Material: 2 m Stoff, 90 cm breit für Gr. 116 (Gr. 140 = 2,20 m); 1 Reißverschluß, 35 cm lang.

Zuschneiden und Nähen: Alle Teile mit 1 cm Nahtzugabe zuschneiden. Am Rock und an den Ärmeln 4 cm für den Saum zugeben. Für die Querfalten bei der Rocklänge 8 cm und bei den Taschen oben 3 cm zugeben. Zwei Bindebänder, je 65 cm lang und 6 cm breit, zuschneiden. In die hintere Mitte in Oberteil und Rock eine Naht legen und für den Reißverschluß offenlassen. Alle Nähte schließen. Den Rock oben einkräuseln und an das Oberteil nähen. Die Kragenteile verstürzen und in den Halsausschnitt steppen. Innen mit einem Schrägstreifen versäubern. Den Reißverschluß in die hintere Mitte nähen. Die Bindebänder verstürzen und aufs Oberteil steppen. Die Kleiderlänge und die Ärmel breit säumen, beim Ärmel den Saum wie eine Blende nach außen bügeln. Oberhalb der Saumkante zwei Querfalten absteppen. Tascheneingriffskanten umsteppen und die Taschen auf den Rock setzen.

8
Sommer-
kleid
9
Doppelrock

10
Trägerkleid und -hose

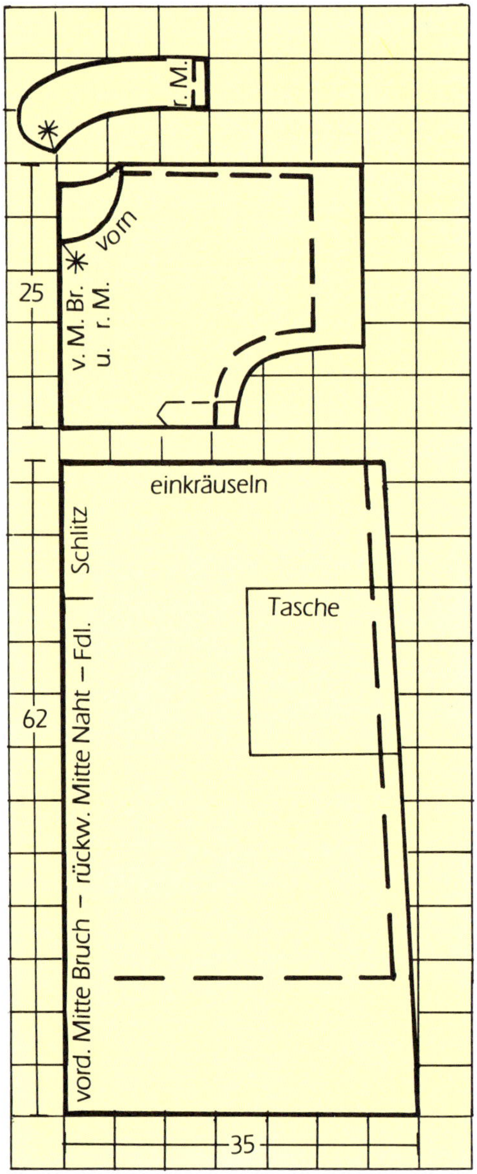

Ein Karo ist 5x5 cm groß
Gr. 116 _ _ _ _ Gr. 140 ______

9

Doppelrock in Größe 128 und 152

Vorn ein in Form geschnittenes Bündchen mit Spitze, hinten Bindebänder über einem Gummizug: So sitzt der Rock perfekt und paßt sich der wachsenden Figur an. Wenn Sie unter der oberen Rockstufe eine Querfalte einplanen, ist auch die Rocklänge variabel.

ANLEITUNG:

Stoffverbrauch und Material: 1,80 m Stoff, 90 cm breit für Gr. 128 (Gr. 152 = 2,10 m); 30 cm Gummiband, 2,5 cm breit.

Zuschneiden und Nähen: Die oberen und die unteren Rockbahnen mit 1 cm Nahtzugabe zuschneiden. Achtung! An der oberen Kante der hinteren Rockbahnen 7 cm als Tunnelbeleg anschneiden. Bei der Länge jeweils 4 cm zugeben. Die spitze Passe doppelt mit 1 cm Nahtzugabe zuschneiden, außerdem zwei Bindebänder, mit Nahtzugabe 8 cm breit und 40 cm lang. Die Seitennähte in den Rockstufen schließen. Dabei das längere Rückenteil mit dem angeschnittenen Tunnelbeleg oben überstehen lassen. Die beiden Rockstufen übereinanderstecken und zusammen verarbeiten. Das Vorderteil einkräuseln. Die Passe verstürzen, dabei an den Seiten die verstürzten Bindebänder (fertige Breite 3 cm) mitfassen. Die Passe knappkantig auf das vordere Rockteil steppen. Den hinteren Tunnelbeleg an beiden Rockstufen 1 cm breit so gegeneinanderkippen, daß die Nahtzugaben innen liegen. Knappkantig absteppen und einen 3 cm breiten Tunnel nähen. Das Gummiband einziehen. Die Passe vom Vorderteil mit den Bindebändern bei den Seitennähten auf den Tunnel steppen, dabei das Gummiband mit befestigen. Die Rockstufen säumen.

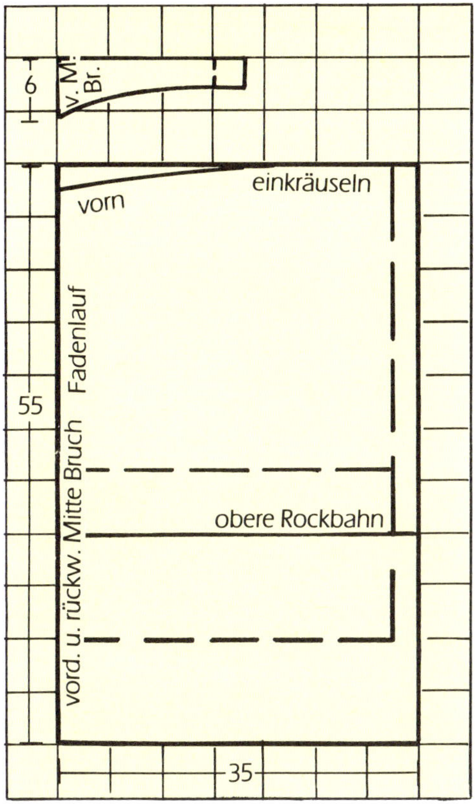

Ein Karo ist 5x5 cm groß
Gr. 128 _ _ _ _ Gr. 152 ____

10 Trägerkleid und -hose in Größe 116 und 140

Das Trägerkleid ist doppelt praktisch: Es paßt über T-Shirts und Blusen, kann aber an heißen Sommertagen auch solo getragen werden. Und es wächst mit: Die Träger haben hinten Knöpfe, die Weite wird mit seitlich angenähten Bändern im Rücken reguliert. Im Rock sind breite Querfalten eingelegt, die man später herauslassen kann. Das Kleid sieht auch aus einfarbigen und geblümten Stoffen niedlich aus. Besonders hübsch ist es hier durch die altmodisch anmutende Stickerei.
Die Trägerhose ist obenherum wie das Trägerkleid geschnitten. Die Hosenbeine werden mit einem Bündchen zusammengehalten.

ANLEITUNG:

Stoffverbrauch und Material: 1,40 m Stoff, 90 cm breit für Gr. 116 (Gr. 140 = 1,70 m), gilt für Kleid oder Hose; 5 Knöpfe.

Zuschneiden und Nähen:

Kleid: Alle Teile mit 1 cm breiten Nahtzugaben zuschneiden. Für die Querfalten im Rock 8 cm zugeben. Außerdem 4 cm für den Rocksaum anschneiden. Die Oberteile doppelt zuschneiden. Träger und Bindebänder (je 40 cm lang) sind jeweils (inklusive Nahtzugabe) 8 cm breit. An den Taschen oben 3 cm anschneiden, an den Seiten und unten nur 1 cm. Die Seitennähte in den Oberteilen schließen, die Ausschnittkanten und die hinteren Kanten verstürzen. Die Rocknähte schließen, hinten einen Schlitz offenlassen. Den Rock oben einkräuseln und an das äußere Oberteil steppen. Die Ansatznaht nach oben kippen und das innere Oberteil darüberlegen. Von rechts unsichtbar feststeppen. Träger und Bindebänder auf 3 cm Breite verstürzen. Die Träger mit der Hand vorn an das Oberteil nähen. Die Bindebänder aufsteppen. Die Knopflöcher im Rücken einarbeiten und die

Knöpfe annähen. Die Taschen aufsteppen. Die Länge umsteppen. Zwei Querfalten absteppen und zum Saum hin bügeln.
Hose: Oberteile, Träger und Bindebänder wie beim Kleid zuschneiden. Die Hosenteile nach dem Schnittschema mit 1 cm Nahtzugabe zuschneiden. Dazu zwei 8 cm breite, 30 cm lange Bündchen. Seitennähte, innere Beinnähte und Schrittnaht schließen. Im Rükken einen Schlitz offenlassen. Die obere Kante einkräuseln und das Oberteil, wie beim Kleid beschrieben, ansteppen. Weiter wie das Kleid verarbeiten. Zum Schluß die Hosenbeine einkräuseln, die Bündchen zum Ring schließen, auf 3 cm Breite verstürzen und an die Hosenbeine steppen.

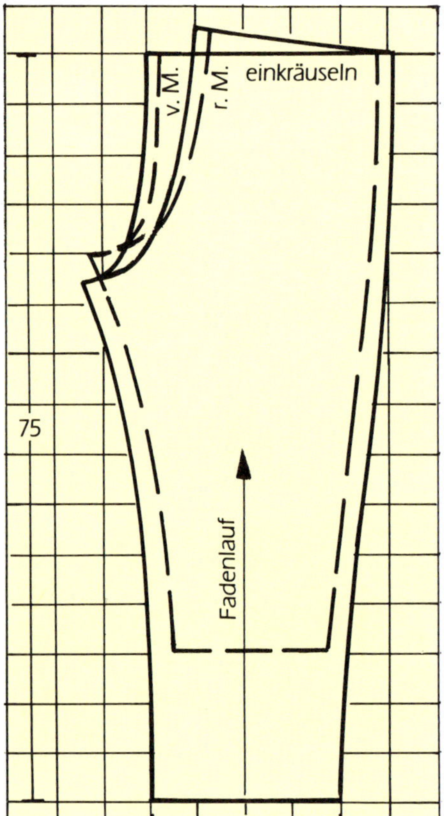

Ein Karo ist 5x5 cm groß
Gr. 116 _ _ _ _ Gr. 140 ______

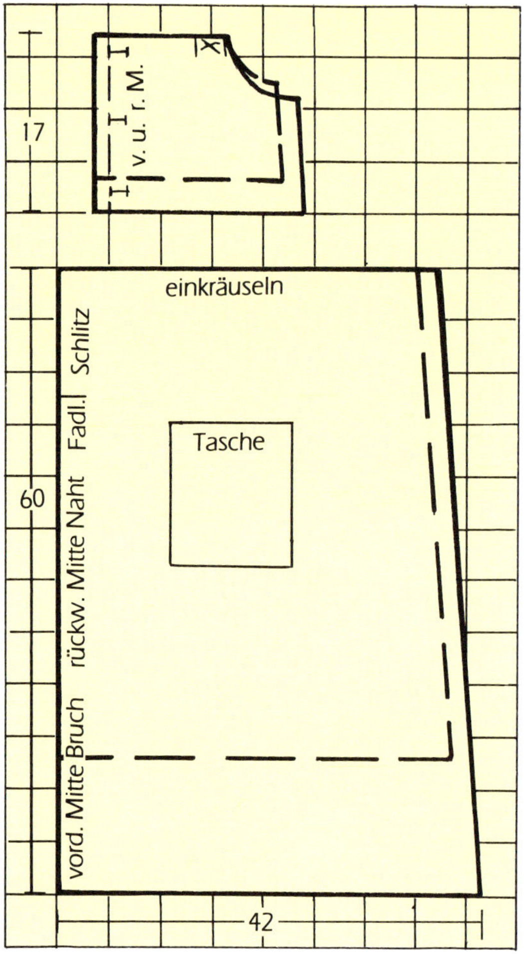

Ein Karo ist 5x5 cm groß
Gr. 116 _ _ _ _ Gr. 140 ______

Stickmotiv für das Trägerkleid in Originalgröße

11
Hosenrock

11

Hosenrock in Größe 128 und 152

Hosenröcke sind die ideale Lösung für Mädchen, die gern Röcke tragen, sich aber frei bewegen möchten. Sie sehen aus allen sportlichen Stoffen schön aus und lassen sich gut mit Pullovern und Sweatshirts kombinieren. Im Sommer werden sie mit Kniestrümpfen oder Söckchen getragen, im Winter wärmen dicke Strumpfhosen und Stiefel. In der Taille ist ein Gummizug, die Taschen sitzen in den Seitennähten.

ANLEITUNG:

Stoffverbrauch und Material: 1,40 m Stoff, für Gr. 128 (Gr. 152 = 1,60 m), 90 cm breit; 60 cm Gummiband, 2,5 cm breit.

Zuschneiden und Nähen: Die Schnitteile je 2mal mit 2 cm breiten Nahtzugaben zuschneiden. Für den Saum 4 cm und für die Querfalten 8 cm an der Rocklänge zugeben. Die inneren und äußeren Beinnähte bis auf die Tascheneingriffe schließen. Die Schrittnaht (vord. und rückw. Mittelnaht) steppen. Die Taschenbeutelteile ansetzen und schließen. Den Beleg an der oberen Kante umbügeln und den Tunnel steppen. Das Gummiband auf bequeme Weite einziehen. Die Länge umsäumen. Von der Länge 9 cm hoch messen und 2 nebeneinanderliegende Falten, je 2 cm breit, von der rechten Stoffseite absteppen.

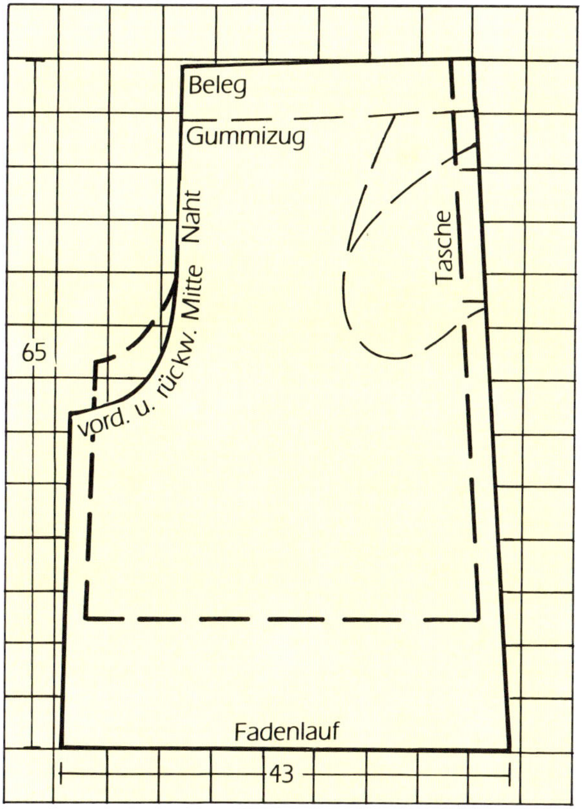

Ein Karo ist 5x5 cm groß. Gr. 128 _ _ _ _ Gr. 152 _____

12

Weste in Größe 128 und 152

Außen aus Chintz, innen aus Kord: So eine Weste paßt über alle Blusen und Hemden und steht Mädchen und Jungen. In die Quernaht im Vorderteil lassen sich spielend leicht Taschen einnähen, als Verschluß werden Nietendrucker eingestanzt. Hinten und vorn sind Riegel mit Ringen aufgesteppt. Lustiger und weicher wird die Weste aus Sweatshirt-Stoff mit buntem Futter. Ganz warm ist sie aus wattiertem und beschichtetem Stoff.

ANLEITUNG:

Stoffverbrauch und Material: 0,55 m Chintz für Gr. 128 (Gr. 152 = 0,65 m), 0,40 m Kord für Gr. 128 (Gr. 152 = 0,55 m), alle 140 cm breit; 5 blanke Druckknöpfe, 15 mm Ø und 4 kleinere für die Taschenecken; 4 Halbringe, 2 cm Ø; 2 Taftreste, etwa 20x20 cm groß.

Zuschneiden und Nähen: Die Schnitteile mit 1 cm breiten Nahtzugaben zuschneiden. Den unteren Teil der Taschenbeutel aus Taftresten zuschneiden. Den Riegel insgesamt 50 cm lang und 5 cm breit zuschneiden (später teilen). Für das Futter den vorderen Beleg und die Taschenbeutel im Papierschnitt weg-

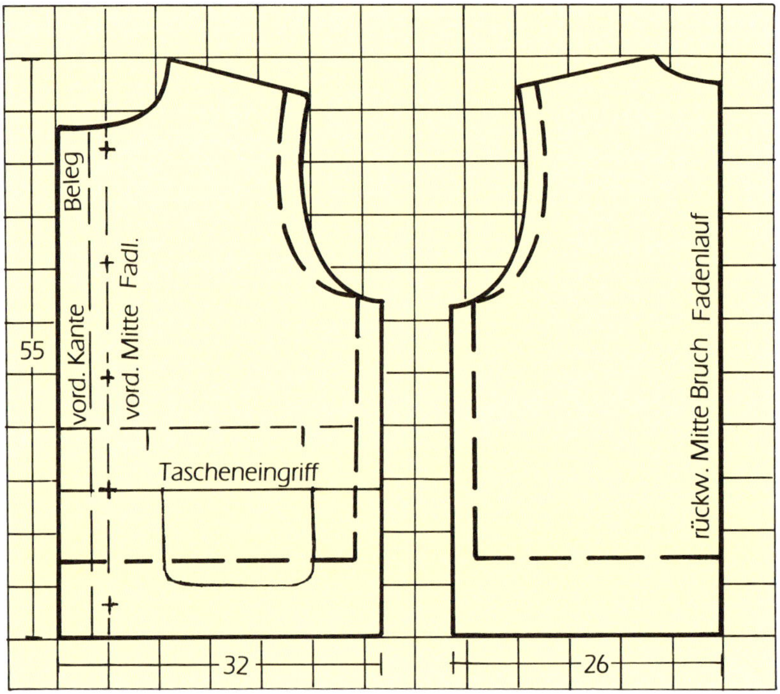

Ein Karo ist 5x5 cm groß
Gr. 128 _ _ _ _ Gr. 152 ______

12
Weste

kniffen. Den Vorderteilschnitt aneinanderkleben und die Teile mit 1 cm breiten Nahtzugaben zuschneiden. Die Taschenbeutel und die Nahtzugaben an den unteren Vorderteilen in den Bruch bügeln. Die Tascheneingriffe knappkantig absteppen. Die Vorderteile knappkantig aufeinandersteppen. Die Taschenbeutel zusammennähen. Die Seitennähte in Futter und Oberstoff steppen, die Nahtzugaben der Außenweste zu einer Seite bügeln und knapp absteppen. Die Armausschnittkanten, die Westenlänge und den Halsausschnitt bis zu den vorderen Kanten verstürzen. Die Schulternähte im Innenfutter schließen, die Schulternähte im Oberstoff in die Vorderteile kippen und knappkantig zusteppen. Die Belege nach innen umbügeln, auf das Futter stecken und später feststeppen. Die Nahtzugaben an den oberen und unteren Ecken einkippen und alle Kanten steppen. Den Streifen für die Riegel 2mal 15 cm und 2mal 10 cm lang zuschneiden. Die Streifen auf 2 cm Breite verstürzen und die Kanten absteppen. Die Riegelenden 1 cm breit aufsteppen (die längeren aufs Vorderteil), in die vorderen Riegel je 2 Halbringe ziehen und mit einer Schlaufe festnähen. Die Metalldruckknöpfe bei + in die vordere Mitte stanzen. In die Ecken der Tascheneingriffe als Zierde und Verstärkung die Oberteile der Druckknöpfe einstanzen.

13 Bundfaltenhose in Größe 128 und 152

Eine Hose wie für die Großen: ganz klassisch mit Bündchen und eingelegten Bundfalten, Vorderreißverschluß und schrägen Eingriffstaschen. Nur die Reißverschlußtasche auf dem einen Hosenbein fällt etwas aus dem Rahmen. Sie ist aus einem etwas dunkleren Stoff. (Bei manchen Stoffen können Sie auch die Innenseite nach außen wenden.) Aus Flanell oder Gabardine wird die Hose feiner. Aus Baumwoll-Denim, Kord oder Velveton ist sie strapazierfähig und robust (Foto auf Seite 39).

ANLEITUNG:

Stoffverbrauch und Material: 0,85 m Stoff, 1,40 m breit für Gr. 128 (Gr. 152 = 1 m); 1 Reißverschluß 14 oder 16 cm lang, 1 Reißverschluß 8 cm lang für die Tasche; 1 Knopf; 0,30 m Gummiband, 2,5 cm breit; ein Taftrest 22x40 cm.

Zuschneiden und Nähen: Die Schnitteile mit folgenden Nahtzugaben zuschneiden: innere und äußere Beinnähte sowie Tascheneingriffe 2 cm, Schrittnaht, zu verstürzende Nähte und Ansatznähte 1 cm. Für die Säume 4 cm zugeben. Den Taschenbeutel 2mal aus Taft zuschneiden. Das Bündchen 68 (74) cm lang und 8 cm breit zuschneiden. Den Streifen für die Gürtelschlaufen 20 cm lang und 3 cm breit zuschneiden (später in 5 Stücke teilen). Die aufgesetzte Tasche nur 1mal 20x25 cm groß zuschneiden. Die inneren Beinnähte und die Schrittnaht (vord. und rückw. Mittelnaht) bis zum Reißverschlußquerzeichen schließen. Die Tascheneingriffe umbügeln und 1 cm dahinter die Tafttaschenbeutel ansetzen. Die Eingriffskanten knappkantig und steppfußbreit daneben absteppen. Die Taschenteile mit der linken Stoffseite nach außen unter die Taschengriffe heften (Tascheneingriff an Anstoßlinie). Die Falten X auf O einlegen und etwa 4 cm lang zusteppen. Die Taschenbeu-

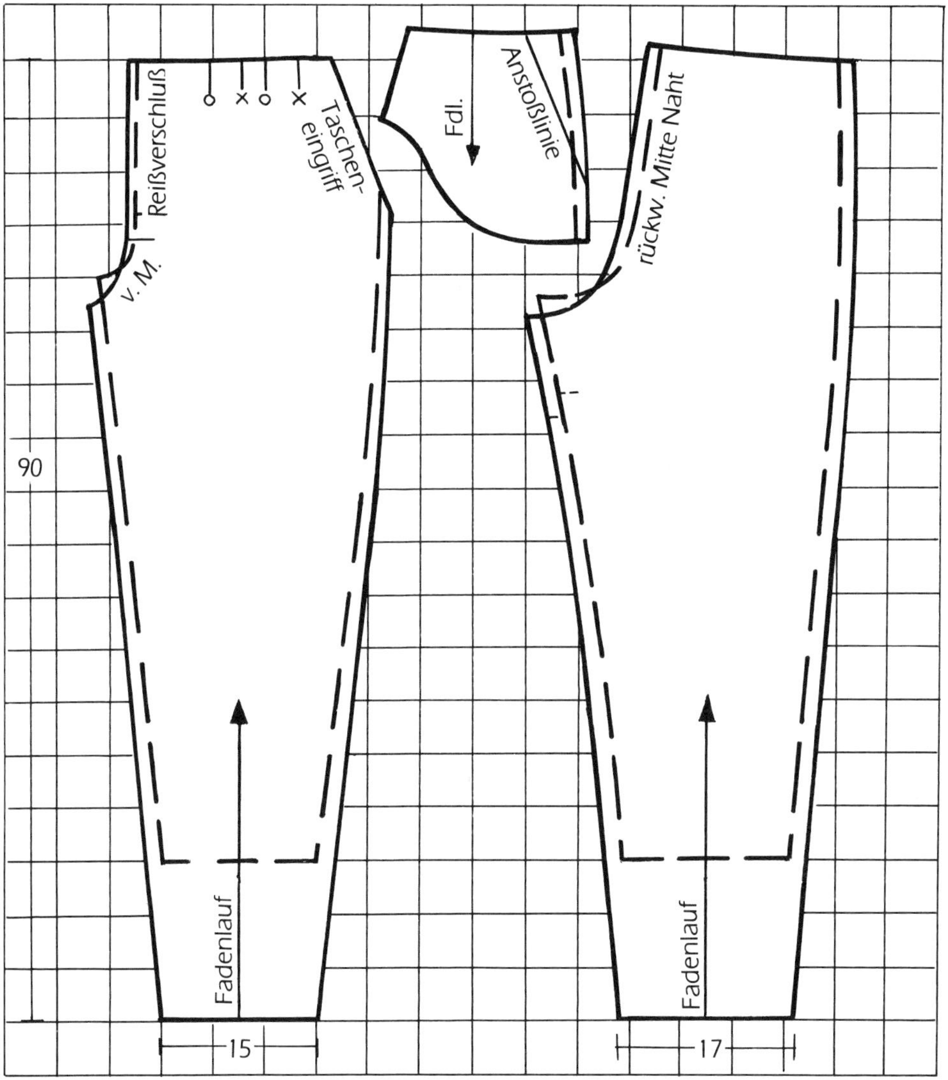

Ein Karo ist 5x5 cm groß
Gr. 128 _ _ _ _ Gr. 152 ______

tel schließen und zur vorderen Mitte bügeln. Den Beleg am Reißverschlußschlitz umbügeln und den Reißverschluß verdeckt einsteppen. Das Bündchen ansetzen. Die Naht an den Seitennähten innen etwas auftrennen. Das Gummiband in das hintere Bündchen einziehen und an den Seitennähten auf den Oberstoff durchsteppen. Die Beinlängen umsteppen. Die Gürtelschlaufen auf 1 cm Breite verstürzen, in 5 Teile schneiden und gut verteilt auf das Bündchen nähen. Das Bündchen mit Knopf und Knopfloch schließen. Den Reißverschluß in die Tasche einsetzen und die Schnittkanten der Tasche nach innen bügeln. Die Tasche auf die rechte Hosenbeinseite aufnähen.

Drei Tips für lange Hosen:

- Heben Sie beim Zuschneiden zwei Flicken aus dem Hosenstoff auf. Es dauert meistens nicht lange, bis die Knie durchgescheuert sind – und dann können Sie den Schaden mit diesem Stoff schnell und fast unsichtbar reparieren!
- Die hier gezeigten Hosen lassen sich später besonders leicht verlängern: Die Hosenbeine werden nach unten schmaler – deshalb können Sie dort gut geknöpfte Bündchen (aus dem Hosenstoff) oder fertig gekaufte Strickbündchen annähen.
- Wenn Ihrem Kind der Gummizug im Hosenrücken nicht gefällt, können Sie bei der Anprobe die überschüssige Weite mit Abnähern abstecken oder an der Mittelnaht abnähen. Lassen Sie genug Nahtzugabe, damit Sie die Hose später weiter machen können.

14 Weite Hose in Größe 116 und 140

Trotz der weiten Hosenbeine wirkt diese Hose nicht plump: Sie hat oben eine in Form geschnittene Passe, die vorn für den perfekten Sitz sorgt. An den Seiten sind geräumige Eingriffstaschen, die Hosenbeine werden nach unten schmaler und lassen sich gut umkrempeln. Für diese Hosenform eignen sich alle weich fallenden Stoffe, auch Jersey oder Sweatshirt-Stoff.

ANLEITUNG:

Stoffverbrauch und Material: 85 cm Stoff, 140 cm breit für Gr. 116 (Gr. 140 = 1 m); 1 Reißverschluß, 14 cm lang (Gr. 140 = 16 cm); 1 Knopf; 30 cm Gummiband, 2,5 cm breit; 1 Taftrest 22x40 cm.

Zuschneiden und Nähen: Die Schnitteile mit folgenden Nahtzugaben zuschneiden: innere und äußere Beinnähte sowie Tascheneingriffe 2 cm; Schrittnaht und Ansatznähte 1 cm. Für die Säume 4 cm zugeben. Den Taschenbeutel 2mal aus Taft zuschneiden. Den Streifen für das Bündchen je 64 (69) cm lang und 8 cm breit zuschneiden. Den Streifen für die Gürtelschlaufen 3 cm breit und 20 cm lang zuschneiden. Die inneren Beinnähte und die Schrittnaht (vord. und rückw. Mittelnaht) bis zum Reißverschlußquerzeichen schließen. Die Tascheneingriffe umbügeln und die Tafttaschenbeutel 1 cm dahinter ansetzen. Die Eingriffskanten knappkantig und steppfußbreit daneben absteppen. Die Taschenteile (Tascheneingriffe an Anstoßlinie) unter die Tascheneingriffe heften. Die vorderen Kanten einkräuseln. Die Taschenbeutel schließen und zur vorderen Mitte bügeln. Die unteren Passenkanten umbügeln und knappkantig und steppfußbreit daneben auf die Vorderho-

13
Bundfaltenhose

14
Weite Hose

se steppen. Den Beleg für den Reißverschluß umbügeln und den Reißverschluß verdeckt einsteppen. Die äußeren Beinnähte schließen. Das Bündchen ansetzen. Die Naht an den Seitennähten innen etwas auftrennen. Das Gummiband auf bequeme Weite einziehen und an den Seitennähten durchsteppen. Die Beinlängen umsteppen. Die Gürtelschlaufen auf 1 cm Breite verstürzen, in 5 Stücke schneiden und gut verteilt auf das Bündchen nähen. Das Bündchen mit Knopf und Knopfloch schließen.

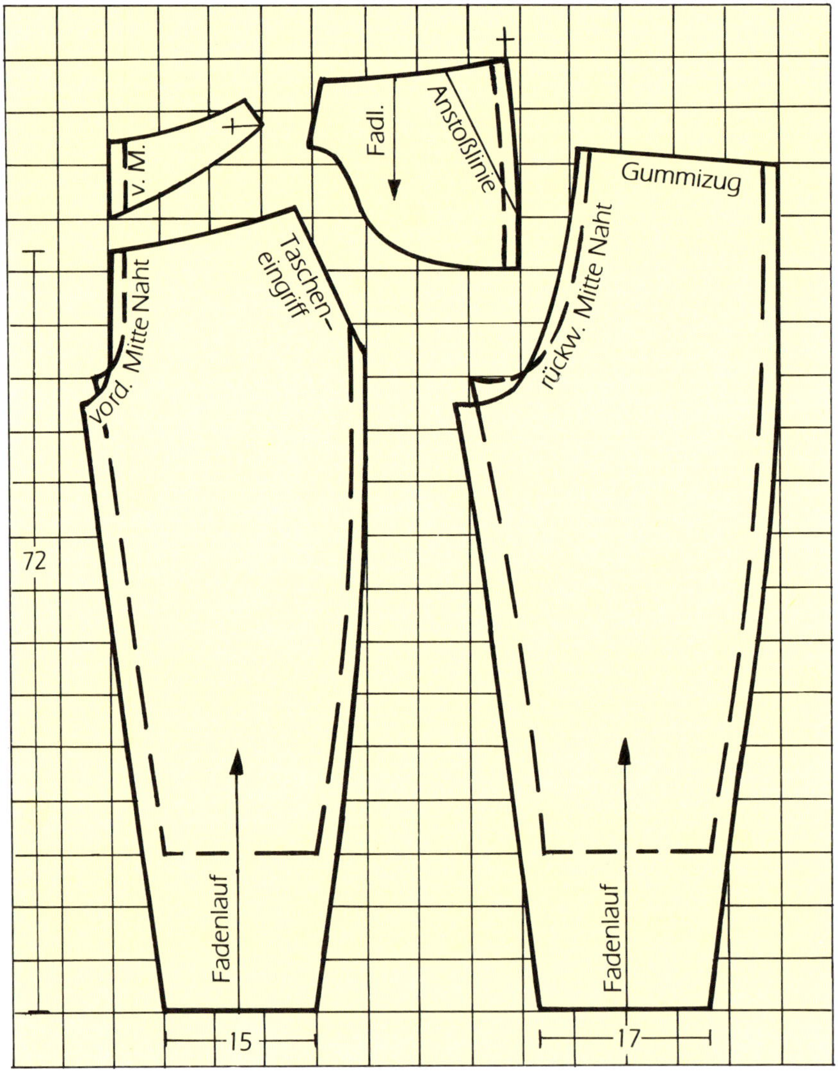

Ein Karo ist 5x5 cm groß
Gr. 116 _ _ _ _ Gr. 140 ______

15 Bluse und Rock in Größe 128 und 152

Der Blusenschnitt eignet sich für Mädchen und Jungen: Die Schulterpasse, der Hemdkragen, die Ärmel mit Bündchen und die aufgesetzte Brusttasche sind sportlich und zeitlos. Vielen Kindern macht es auch nichts aus, wenn Mädchen und Jungen zur gleichen Seite knöpfen. Sie können aber auch die im Schnitt und in der Anleitung angegebene Knöpfrichtung (für Mädchen) einfach auf die andere Seite verlegen. Für den Sommer läßt sich die Bluse auch mit kurzen Ärmeln nähen; dafür eventuell die Ärmel etwas weniger weit zuschneiden. Schnell und einfach zu nähen ist der Rock aus geraden Teilen. Er hat hinten eine Mittelnaht mit Reißverschluß und Taschen in den Seitennähten. Die Weite wird angekraust und an ein schmales Bündchen angesetzt. Durch abgesteppte Querfalten über dem Saum läßt sich der Rock später gut verlängern. Wenn der Rock aus dem gleichen Stoff ist wie die Bluse, wirkt beides zusammen wie ein Kleid (Foto auf S. 42).

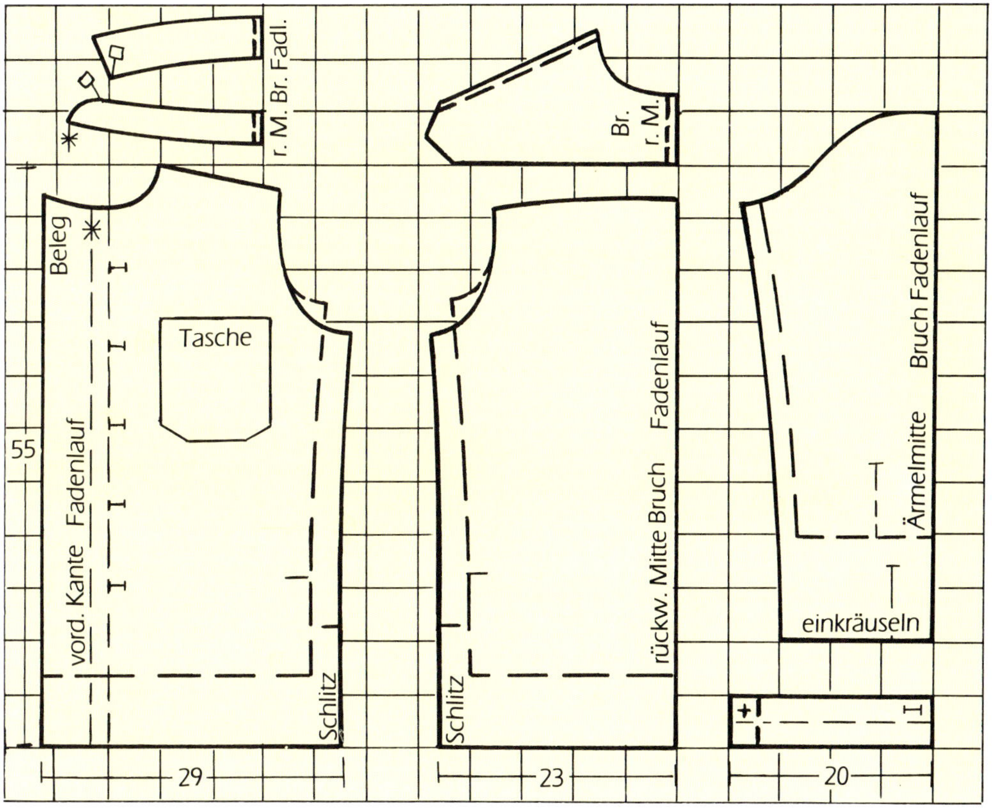

Ein Karo ist 5x5 cm groß
Gr. 128 _ _ _ _ Gr. 152 ______

15
Bluse
und Rock

ANLEITUNG:

Stoffverbrauch und Material: Bluse 0,95 m karierter Flanell für Gr. 128 (Gr. 152 = 1,30 m), Rock 1,20 m Flanell (Gr. 152 = 1,50 m), alle 1,40 m breit; 1 Reißverschluß, 16 cm lang; 10 Knöpfe 1 cm Ø; 0,20 m Vlieseline, 0,60 m breit; 0,70 m Bundfix (Bündcheneinlage), 2,5 cm breit.

Zuschneiden und Nähen: Die Schnitteile mit 1,5 cm breiten Nahtzugaben zuschneiden. Für die Säume und den Tascheneingriff 4 cm zugeben. Bei der Rocklänge 8 cm und bei der Ärmellänge 4 cm für die Querfalten zugeben. Den Streifen für das Bündchen 65 (70) cm lang und 8 cm breit zuschneiden. Für Kragen und Bündchen Einlage aus Vlieseline zuschneiden.

Bluse: Die Seitennähte bis zu den Schlitzquerzeichen schließen. Die Achselklappen an der Passe mit einem Stoffrest verstürzen, an die entsprechenden Teile ansetzen. Die Nahtzugaben in die Passe bügeln und die Ansatznähte knappkantig absteppen. Die angeschnittenen Belege an den vorderen Kanten nach innen bügeln. Den Kragen versteifen und verstürzen. Das Kragenbündchen ebenfalls verstürzen, dabei den Kragen dazwischenfassen. Den fertigen Kragen an die Halsausschnittkante setzen. Die Länge und die Schlitzkanten umsteppen. Die Ärmelnähte schließen. In die Länge einen Hemdblusenschlitz einarbeiten. Die Ärmellängen einkräuseln. Die Ärmelbündchen versteifen, verstürzen und ansetzen. Die Bündchen knappkantig absteppen und mit Knopf und Knopfloch schließen. Den Tascheneingriff an der Brusttasche umsteppen, die restlichen Schnittkanten umbügeln und die Tasche knappkantig auf das Vorderteil steppen. Die Knopflöcher in die Tasche und in die vordere Mitte einarbeiten und die Knöpfe annähen. Die Querfalten (Verlängerungsfalten) an den Ärmeln abnähen und bügeln.

Rock: Die Seitennähte bis auf die Tascheneingriffe und die rückwärtige Mittelnaht bis zum Reißverschlußquerzeichen schließen. Die Taschenbeutelteile ansetzen und schließen. Die obere Rockkante auf Taillenweite einkräuseln. Den Reißverschluß einsteppen. Das Bündchen mit Bundfix versteifen und ansetzen, fertige Breite ist 2,5 cm. Das Bündchen mit Knopf und Knopfloch schließen. Die Rocklänge umsäumen. Die Querfalten (Verlängerungsfalten) an der Länge abnähen und bügeln.

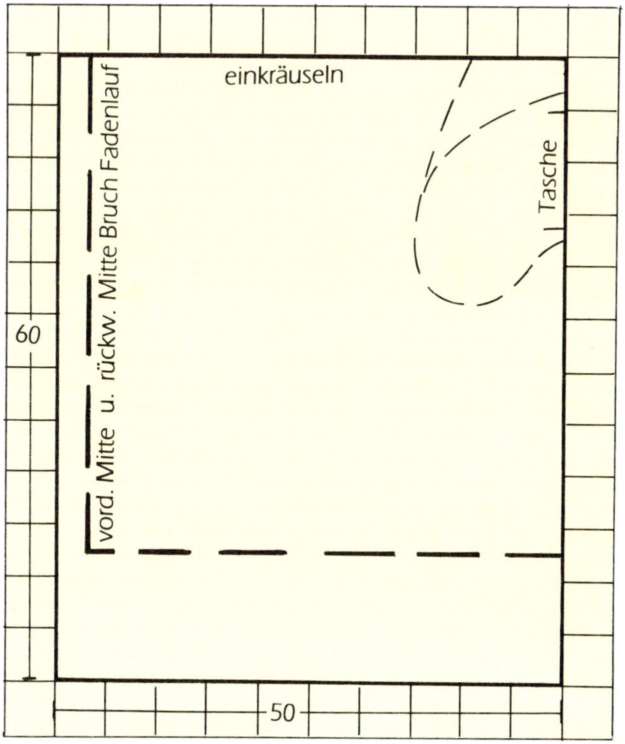

Ein Karo ist 5x5 cm groß
Gr. 128 _ _ _ _ Gr. 152 ______

17 Bluse und Rock mit Rüschen

16 Rüschenkleid

16
Rüschenkleid

17
Bluse und Rock mit Rüschen

16 Rüschenkleid in Größe 116 und 140

Dieses Kleid ist einmal in geblümtem und einmal in kariertem Stoff abgebildet. Es hat seitlich, am Kragen und an den Ärmelbündchen lustig wippende Rüschen. Das Kleid wird vorn geknöpft und hinten mit Bändern gebunden (kleines Foto). Der weite Rock ist rundherum angekraust und hat abgesteppte Querfalten über dem wadenlangen Saum. Für festliche Gelegenheiten können Sie das Kleid aus pastellfarbenem Baumwollflanell, Waschwolle oder Batist nähen. Sportlicher wirkt es aus einfarbigen, dunkleren oder aus karierten Stoffen: Dann paßt es auch in Kindergarten und Schule.

ANLEITUNG:

Stoffverbrauch und Material: 2,50 m Stoff, 90 cm breit für Gr. 116 (Gr. 140 = 2,90 m); 7 Knöpfe.

Zuschneiden und Nähen: Schneiden Sie alle Teile mit 1 cm Nahtzugabe zu. Die Streifen für die Rüschen sind (mit Nahtzugabe) 4 cm breit. Sie brauchen zwei 150 cm lange Streifen für das Oberteil, einen 125 cm langen Streifen für den Kragen und zwei 40 cm lange Streifen für die Ärmelbündchen. Bei der Rocklänge 8 cm für die Querfalten und 4 cm für den Saum zugeben. Zwei 60 cm lange und 8 cm breite Streifen für die Bindebänder zuschneiden. Die Rüschen an einer Seite mit kleinen Stichen umzackeln, an der anderen Seite einkräuseln. Die Schulternähte schließen, die Rüschen rechts auf rechts auf die Nahtzugabe stecken. Die Ärmel zeichengemäß einkräuseln und an das Oberteil nähen, dabei die Rüschen mitfassen. In die Ärmellängen einen Schlitz einarbeiten und die Längen einkräuseln. Die Bündchen verstürzen, dabei an der Außenkante die Rüschen mitfassen. Die Bündchen wenden und an die Ärmellängen steppen. Die Belege an den Vorderteilen umbügeln. Den Kragen verstürzen, dabei die Rüsche an den Außenkanten mitfassen. Den Kragen ins Halsloch steppen. Die Knopflöcher ins Vorderteil nähen. Die Seitennähte des Rockes schließen. Ins Rock-Vorderteil einen kleinen Schlitz nähen, die oberen Rockkanten einkräuseln. Das Oberteil an den Rock setzen. Die Bindebänder verstürzen und vorn auf das Oberteil steppen. Die Rocklänge säumen, darüber zwei Querfalten absteppen. Knopflöcher in die Ärmelbündchen nähen und Knöpfe annähen.

Tip: Das Kleid hat auf dem kleinen Foto einen Kragen aus dem Kleiderstoff, der rundherum mit Rüschen eingefaßt ist. Sie können dafür aber auch einen einfachen Bubikragen (ohne Rüschen) nähen. Ganz frisch sieht der Kragen aus weißem Baumwollstoff oder Pikee aus – wie beim Kleid auf dem großen Foto. Immer wieder anders wirkt das Kleid, wenn Sie alle Kragen einzeln nähen und mit Druckknöpfen im Ausschnitt befestigen. Das ist besonders praktisch bei weißen Kragen, die sich so leicht waschen lassen.

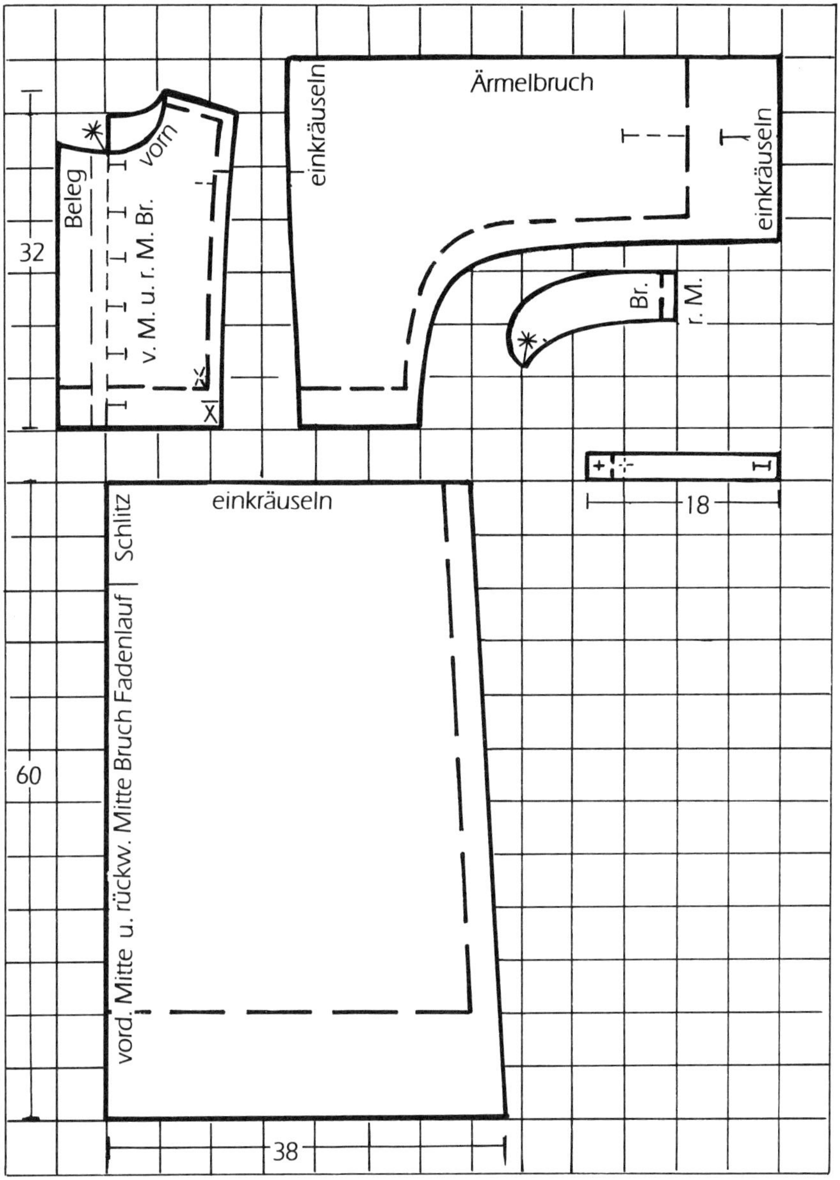

Ein Karo ist 5x5 cm groß
Gr. 116 –––– Gr. 140 ——

17 Bluse und Rock mit Rüschen in Größe 116 und 140

Bei dieser Bluse sind die Ärmel weit angekraust, und rund um Bubikragen und Ärmelbündchen werden Rüschen genäht. Die Bluse ist vorn geknöpft und läßt sich gut mit einem Rüschenrock kombinieren. Einen passenden Rockschnitt finden Sie auf Seite 43. Ergänzen Sie ihn um eine 4 cm breite Rüsche. Wenn Sie die Bluse und den Rock aus dem gleichen Stoff nähen, entsteht ein zweiteiliges Kleid. Für die Bluse eignen sich alle weich fallenden Stoffe: luftig-leichte für den Sommer, mollig-warme für den Winter. Achten Sie darauf, daß die Stoffe sich gut waschen lassen! Pflegeleichte Stoffmischungen sind besonders praktisch, weil Sie die Bluse dann kaum zu bügeln brauchen.

ANLEITUNG:

Stoffverbrauch und Material: 1,30 m Stoff, 90 cm breit für Gr. 116 (Gr. 140 = 1,60 m); 7 Knöpfe.

Zuschneiden und Nähen: Alle Teile mit 1 cm breiten Nahtzugaben zuschneiden. An den Ärmeln 4 cm für die Falte zugeben. Die Streifen für die Rüschen sind 4 cm breit (mit Nahtzugaben): für den Kragen 125 cm lang, für die Bündchen je 40 cm lang. Die Schulter-, Seiten- und Ärmelnähte schließen. In die Ärmellängen einen Schlitz einnähen. Die Rüschen an einer Seite mit kleinen Stichen umzackeln, an der anderen Seite einkräuseln. Den Kragen und die Bündchen verstürzen, dabei die Rüschen an den Außenkanten mitfassen. Die Armkugeln einkräuseln und die Ärmel in die Bluse setzen. Die vorderen Belege umbügeln, den Kragen ins Halsloch steppen. Die Bluse säumen und die Knopflöcher einnähen. Die Knöpfe annähen.

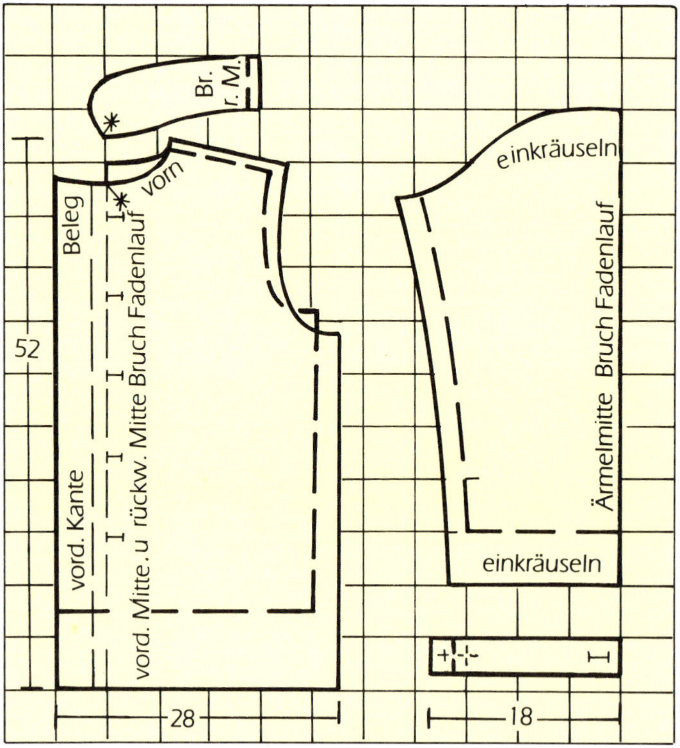

Ein Karo ist 5x5 cm groß. Gr. 116 _ _ _ _ Gr. 140 ______

18 Regenmantel in Größe 128 bis 140

Wind- und wetterfest ist dieser Mantel: Er ist außen aus beschichtetem Stoff und mit Sweatshirt-Stoff (oder Frottee) gefüttert. Durch die weiten Ärmel und die eingelegten Falten in Vorder- und Rückenteil bietet er genug Platz für warmes Darunter. Praktisch: die gefütterte Kapuze und die Taschen in den Seitennähten. Der schnelle und winddichte Verschluß: ein Reißverschluß zum Ein- und Aushaken (Foto auf Seite 51).

ANLEITUNG:

Stoffverbrauch und Material: 2,40 m beschichteter Stoff, 1,40 m breit. 2,30 m Futterstoff, 1,40 m breit; 35 cm Strickbündchen, 4 cm breit; 2 Ösen zum Einstanzen; 1 teilbarer Reißverschluß, 65 cm lang; 1 m dünne Baumwollkordel.

Zuschneiden und Nähen: Alle Teile mit 1 cm Nahtzugabe zuschneiden. Am Mantel 4 cm für den Saum zugeben, das Futter ohne Zugaben zuschneiden. Die Schulternähte schließen, die Ärmel in Falten legen und an die Vorder- und Rückenteile setzen. Die Ärmelnähte schließen. Die Seitennähte im unteren Mantelteil bis auf die Taschenschlitze zusteppen. Die Taschenbeutel ansetzen und zusammennähen. Das untere Mantelteil in Falten legen und an das Oberteil steppen. Den Reißverschluß verdeckt unter die vorderen Kanten steppen. Die Kapuze zusammennähen, in die vorderen Ecken je 1 Öse stanzen und die Kapuze in den Mantel nähen. Das Mantelfutter wie oben beschrieben zusammennähen, säumen und an den Außenkanten mit dem Mantel verstürzen. Am äußeren Kapuzenrand einen 2 cm breiten Tunnel absteppen und die Kordel einziehen. Futter und Mantel in der Halsnaht einmal durchsteppen. Die Ärmellängen einkräuseln. Die Strickbündchen in zwei Teile schneiden, jeweils zum Ring schließen und an die Mantelärmel nähen, das Futter mit der Hand dagegennähen. Den Mantel säumen.

Tip: Diesen Schnitt können Sie auch für einen warmen Wintermantel verwenden. Die Außenseite wird dann aus Flanell, Flausch oder Tuch genäht. Als Futter sehen farbenfrohe oder karierte Baumwollstoffe niedlich aus. Statt der Strickbündchen an den Ärmeln können Sie auch einen Gummizug einarbeiten. Wenn Sie Mäntel aus beschichtetem Stoff verlängern wollen, sollten Sie den alten Saum noch einmal nachsteppen (und ihn damit unsichtbar machen).

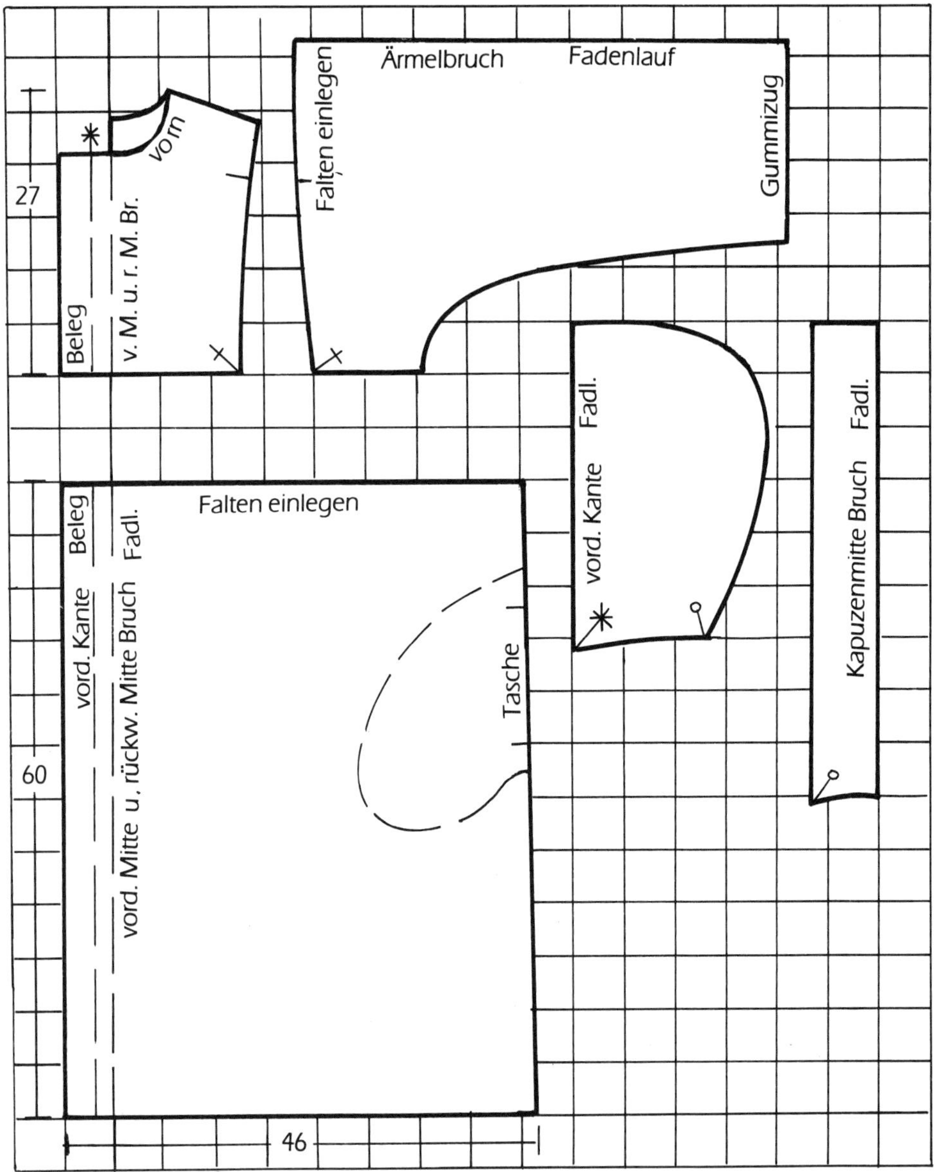

Ein Karo ist 5x5 cm groß

Die Anleitung für den Regenmantel finden Sie auf Seite 49, die für den Parka auf Seite 52.

18 Regenmantel

19 Parka

19 Parka in Größe 128 und 152

Nach dem gleichen Prinzip wie der Regenmantel ist diese lange Jacke genäht, die auch Jungen gefallen wird: außen beschichteter Stoff, innen mollig-weiches Sweatshirt-Futter. Wie bei echten Parkas gibt es viele Durchzugbänder und große Taschen. Nietendrucker sind ein praktischer Verschluß, mit dem Kinder gut umgehen können. Bei den Ärmeln können Sie fertig gekaufte Bündchen annähen oder Gummiband einziehen, damit der Wind nicht hineinpfeift. Den Ausschnitt rahmt ein fertig gekauftes Strickbündchen ein. Für Notfälle befindet sich eine kleine Kapuze zwischen Parkastoff und Futter hinten im Halsausschnitt.

ANLEITUNG:

Stoffverbrauch und Material: 1,65 m beschichteter Stoff für Gr. 128 (Gr. 152 = 1,90 m), alle 1,40 m breit; 1,60 m Sweatshirt-Stoff (Gr. 152 = 1,85 m); 7 dunkle Metalldruckknöpfe 1,5 cm Ø; 4 Metallösen, 1 cm Ø; 4,20 m Kordel; 0,40 m Gummiband, 2 cm breit. 0,80 m Strickbündchen für den Halsausschnitt und die Ärmel.

Zuschneiden und Nähen: Die Schnitteile mit 1 cm breiten Nahtzugaben zuschneiden. Die Belege für die Parkalänge 5 cm breit zuschneiden. Das Innenfutter ohne Saumbelege zuschneiden. Die rückwärtige Mittelnaht bis zum Schlitz, die Schulter- und Seitennähte bis auf die Tascheneingriffe schließen. Alle Nahtzugaben nach vorne kippen und die Nähte knappkantig absteppen. Die vorderen Tascheneingriffe und die Schlitzkanten knapp absteppen. Die Taschenbeutelteile ansetzen, ins Vorderteil bügeln und schließen. Die oberen Taschenbeutelkanten beim Steppen des Taillentunnels (in einem späteren Arbeitsgang) mitfassen. Die Ösen für die Kordeln bei + in die Vorderteile einstanzen. Die Länge bis zu den vorderen Kanten mit den Belegen verstürzen und 2 cm von der Kante entfernt als Tunnel feststeppen. Die Ärmelnähte schließen. Die Ärmel einsetzen und die Einsatznähte knappkantig absteppen. Das Innenfutter zusammennähen. Das Strickbündchen in den Halsausschnitt stecken. Bis auf 8 cm Schlitz an der hinteren Mitte den Ausschnitt und die vorderen Kanten mit dem Futter verstürzen. Das Futter in den Parka ziehen und alle Nähte genau aufeinanderstecken. Die Länge etwa 2 cm kürzer als den Parka umnähen. Die vorderen Kanten knappkantig absteppen. Das Futter gegen die Schlitzkanten nähen. Die Ärmellängen einkräuseln, zwei 18 cm lange Strickbündchen zum Ring schließen und ansteppen. Das Futter gegen die Ärmelsäume nähen. Die Kapuze zusammennähen. Die Kante als Tunnel umsteppen. Den Tunnel in der Taille steppen. Die Kordel aufteilen: Kapuzenrand 1,10 m, Taillentunnel 1,50 m und Saum 1,60 m. Die Kordel in die Tunnel ziehen. Die Kordelenden verknoten. In die vordere Mitte bei + Metalldruckknöpfe stanzen. Die Kapuze in den hinteren Ausschnitt nähen und in den Schlitz zwischen Mantel und Futter stecken.

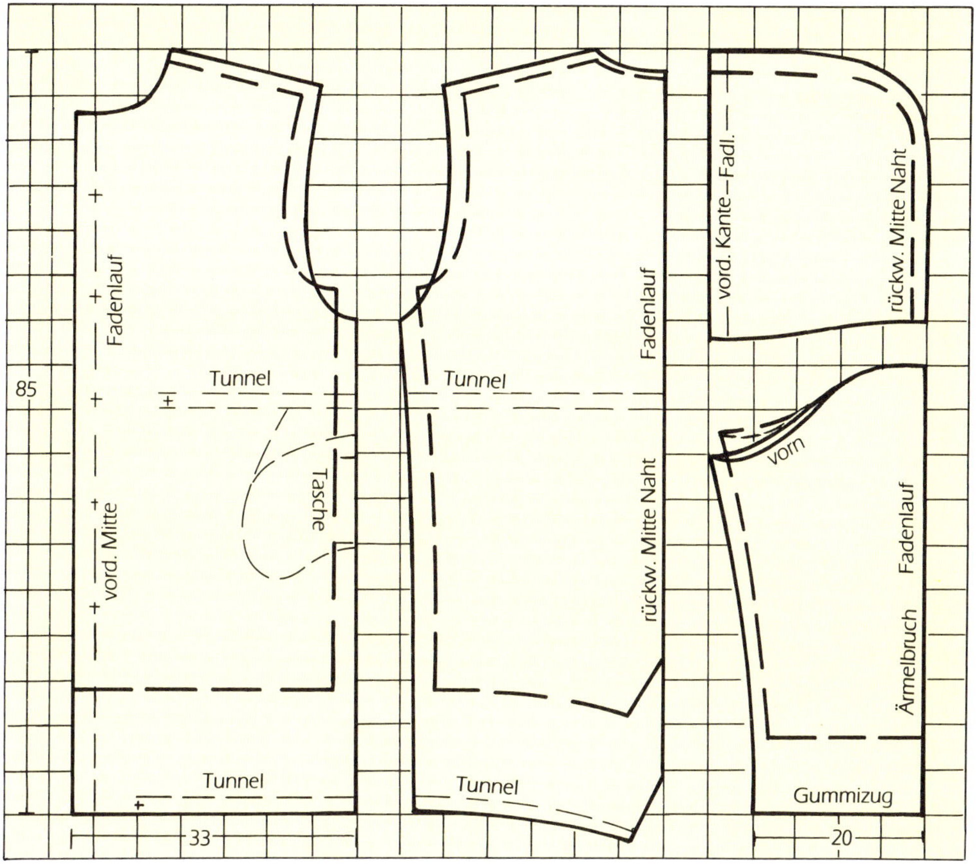

Ein Karo ist 5x5 cm groß
Gr. 128 _ _ _ _ Gr. 152 ______

20 Doppelmantel in Größe 128 bis 140

Sommer- und Wintermantel in einem ist dieses Modell. Der Mantel hat zwei Schichten: Die Außenseite ist aus regenabweisendem Chintz (oder beschichtetem Stoff), die Innenseite aus warmem Teddyplüsch. Beide Teile können – wie hier – auch einzeln getragen werden: der Chintzmantel im Sommer, das Teddyfutter bei trockenem Herbstwetter. Der Chintzmantel ist weit geschnitten und hat eine Kapuze. Der Teddymantel fällt etwas schmaler, ist mit Nahtband eingefaßt und kann in den Chintzmantel eingeknöpft werden.

ANLEITUNG:

Stoffverbrauch und Material: 2,20 m Chintz, 1,40 m breit. 1,70 m Teddyplüsch, 1,40 m breit. 1 teilbarer Reißverschluß, 60 cm lang. 6 m Nahtband, 3 cm breit. 15 Knöpfe. 40 cm Gummiband, 2,5 cm breit.

Zuschneiden und Nähen:

Chintzmantel: alle Teile mit 1 cm Nahtzugabe zuschneiden. Die Kapuzenteile werden doppelt zugeschnitten und verstürzt. Für den Halsausschnitt einen 6 cm breiten Formstreifen in der Weite des Futters zuschneiden. An den Ärmeln und am Mantel 4 cm für den Saum zugeben. Das Bindeband für die Kapuze 1 m lang und 3 cm breit zuschneiden. Die oberen Ärmelnähte schließen und die Ärmel in die Vorder- bzw. Rückenteile nähen. Die inneren Ärmelnähte und die Seitennähte des Mantels schließen, dabei die Schlitze für die Tascheneingriffe offenlassen. Die Tascheneingriffe schmal absteppen. Die Taschenbeutel an die Nahtzugabe der Rückenteile setzen, in die Vorderteile legen und von der rechten Stoffseite aus durchsteppen. Die Belege an den Vorderteilen umbügeln und jeweils fünf Knopflöcher (1 cm von der Belegkante entfernt) für das Teddyfutter einnähen. Den Reißverschluß verdeckt einnähen. Das Mittelteil in die Kapuze nähen, die beiden Kapuzen an den Außenkanten miteinander verstürzen, dabei einen Schlitz für die Kordel offenlassen. Die Kanten schmal absteppen und einen 2 cm breiten Tunnel abnähen. Das Halsloch des Mantels auf die Kapuzenweite einkräuseln. Die Kapuze in das Halsloch setzen, dabei den Formstreifen mitfassen. In den Formstreifen fünf Knopflöcher für das Teddyfutter nähen. Die Ärmellängen 3 cm breit umsteppen und das Gummiband einziehen. Den Mantel säumen. Die Kordel in die Kapuze ziehen.

Teddymantel: Die Mantelteile an den Nähten mit 1 cm Nahtzugabe zuschneiden. Bei den Kanten, den Säumen und beim Halsloch keine Nahtzugaben zugeben! Die oberen Ärmel-

20
Doppelmantel

nähte schließen und Ärmel in die Vorder- bzw. Rückenteile nähen. Die inneren Ärmelnähte und die Seitennähte des Mantels schließen. Den Teddymantel rundherum mit Nahtband einfassen (auch die Ärmellängen). Dabei die Weite des Halsausschnitts etwas einhalten. Auf die vorderen Kanten je drei Bindebänder (20 cm lang) aus Nahtband aufsteppen. Die 15 Knöpfe entsprechend den Knopflöchern im Chintzmantel annähen.

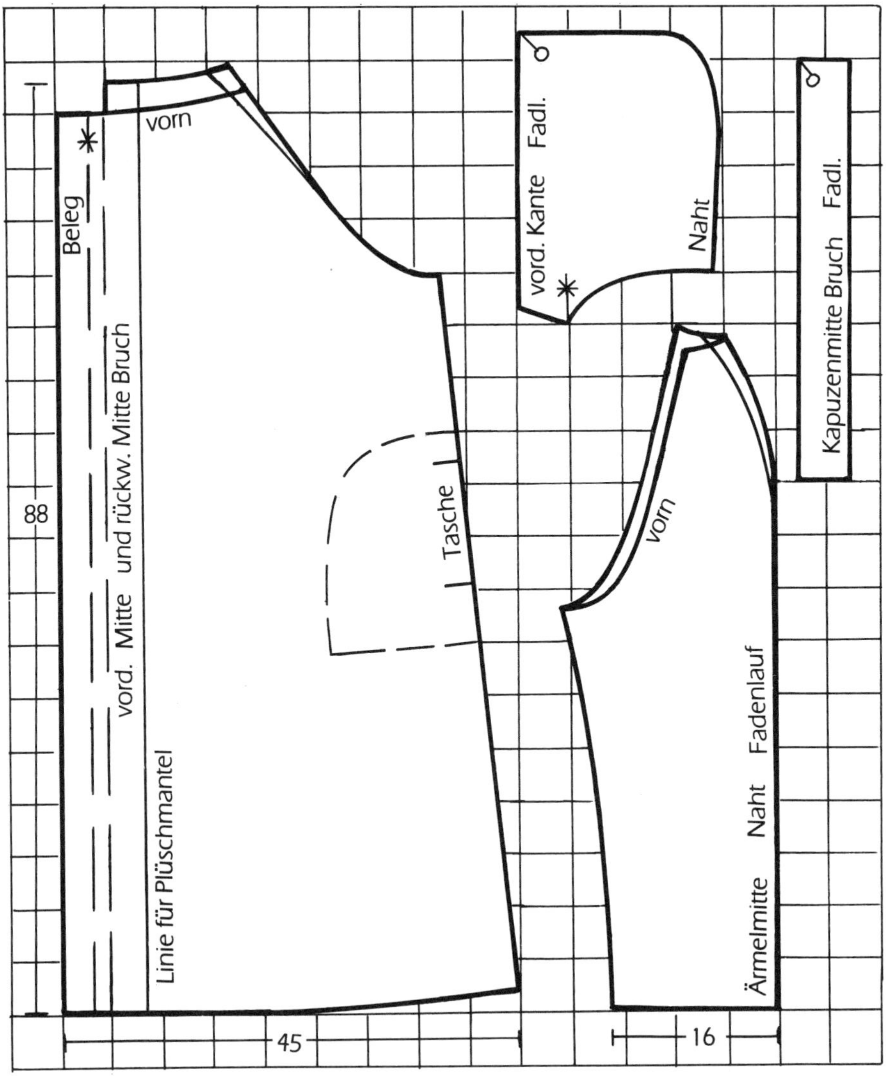

Ein Karo ist 5x5 cm groß

21 Blousonjacke in Größe 128 und 152

Ein Blouson mit allem Drum und Dran – Schulterpassen, Reißverschlußtaschen und Strickbündchen – und dazu noch warm gefüttert. Mit so einer Jacke sind alle Mädchen und Jungen in der kühlen Jahreszeit praktisch angezogen. Der Blouson ist hier aus Kord, das Futter aus Teddyplüsch. Sie können auch Chintz und beschichtete Stoffe, Popeline oder Wollkaro für außen nehmen und die Jacke mit Baumwollflanell, Sweatshirt-Stoff oder Jersey füttern. Durch den teilbaren Reißverschluß läßt sich die Jacke leicht auf- und zumachen (Foto auf Seite 58).

ANLEITUNG:

Stoffverbrauch und Material: 1,30 m blauer Kord für Gr. 128 (Gr. 152 = 1,50 m); 0,55 m Teddyplüsch (Gr. 152 = 0,80 m), alle 1,40 m breit; 0,40 m Steppfutter (Gr. 152 = 0,45 m), 1,40 m breit; 2 Reißverschlüsse, je 16 cm lang; 1 teilbarer Reißverschluß, 0,45 m lang (Gr. 152 = 50 cm); 0,85 m Strickbündchen (Gr. 152 = 1 m), 5 cm breit; 1 Rolle elastischer Nähfaden; Taft- oder Moltonreste, etwa 20x40 cm, für die Taschenbeutel.

Zuschneiden und Nähen: Für die doppelten Schulterstücke die Schulternähte im Papierschnitt aneinanderlegen und die Passe als Ganzes herauskopieren. Die Taschenbeutel aus Taft oder Molton zuschneiden. Bei Kord auf die Strichrichtung achten, die Teile gegen den Strich zuschneiden. Die Schnitteile mit

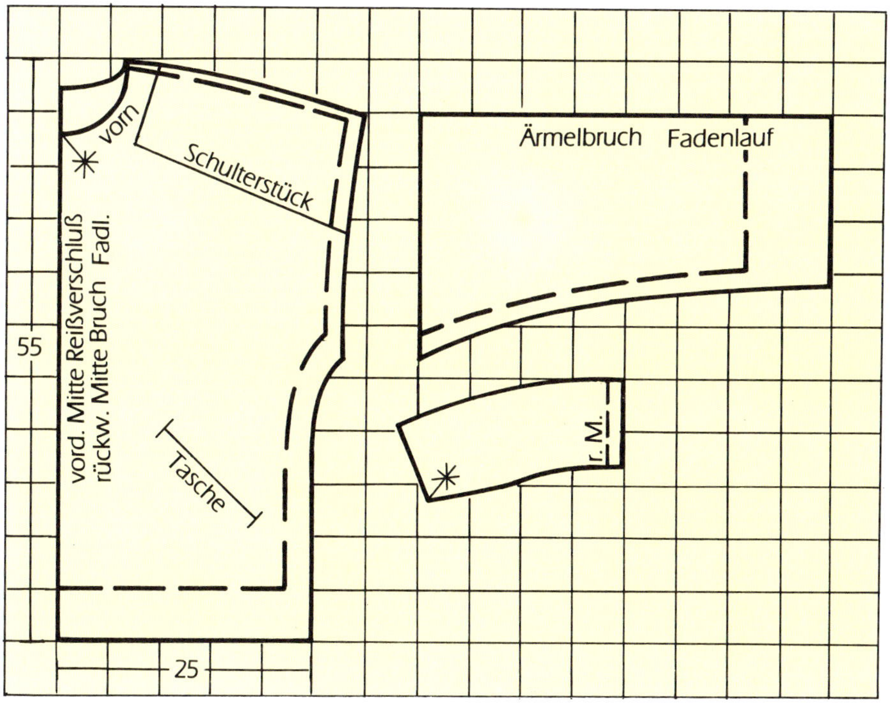

Ein Karo ist 5x5 cm groß
Gr. 128 _ _ _ _ Gr. 152 ______

21
Blousonjacke

1 cm breiten Nahtzugaben zuschneiden. Den Unterkragen ohne Mittelnaht zuschneiden. Das Futter aus Teddyplüsch zuschneiden, für die Ärmel das Steppfutter nehmen. Schulter- und Seitennähte schließen. Die Tascheneingriffe in Reißverschlußbreite und -länge wie ein Knopfloch verstürzen. Die Reißverschlüsse knappkantig einsteppen. Die Taschenbeutelteile ansetzen und schließen. Die Ärmelnähte steppen und die Ärmel in die Armausschnittkanten setzen. Die Schulterpassen mit der linken Stoffseite nach außen knappkantig aufsteppen. Die Naht im Oberkragen schließen. Den Kragen verstürzen und an die Halsausschnittkante setzen. An die Jackenlänge ein 50 (56) cm langes Strickbündchen setzen. Beim Ansetzen als Oberfaden Garn, als Unterfaden elastischen Nähfaden nehmen. An die Ärmellängen 12 (14) cm weite Bündchen setzen (Bündchen vorher zum Kreis schließen). Den teilbaren Reißverschluß einnähen. Beim Teddyplüsch die Schulter- und Seitennähte schließen. Die Ärmelnähte im Steppstoff schließen und die Ärmel in die Armausschnitte einsetzen. Den Teddyplüsch gegen die Reißverschlußbelege und an die Kragenansatznaht säumen. Das Ärmelfutter an die Strickbündchen säumen.

Tip: Für den Sommer können Sie diese Blousonjacke aus federleichten, wind- und wetterfesten Nylonstoffen nähen. Das Futter entfällt, oder Sie nehmen feinen Frottee, Baumwollflanell oder Sweatshirt-Stoff dafür. Die Ärmel werden dann mit einem Gummizug eingehalten oder bekommen 4 cm breite Bündchen mit Knopf und Knopfloch.

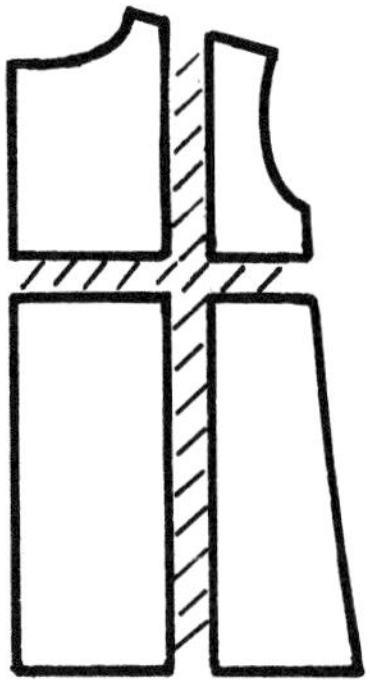

1

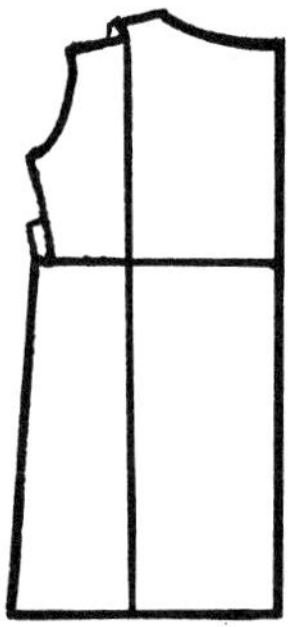

2

3

4

Tip

Schnitte vergrößern und verkleinern

Die einfachen Schnitte in diesem Buch können Sie problemlos vergrößern oder verkleinern. Oft wird es gar nicht nötig sein, denn die zwei gezeichneten Größen auf den Schnittschemen decken mehrere Größen ab. Beispiel: Der Schnitt hat die Größen 116 und 140, dazwischen liegen Gr. 122, 128 und 134 (siehe Tabelle). D. h. Sie erhalten den Schnitt in Gr. 128, wenn Sie ihn in die Mitte zwischen die beiden vorhandenen Schnittlinien zeichnen!

Vergrößern

Soll das Modell größer sein als die größte vorhandene Größe, dann fertigen Sie den Schnitt erst in der größten Größe an, schneiden ihn dann waagerecht und senkrecht (siehe Zeichnung 1) durch und rücken die Teile um einen halben (maximal einen) Zentimeter auseinander. Maßtabelle beachten.

Verkleinern

Soll das Modell kleiner sein als die kleinste vorhandene Größe, dann fertigen Sie erst die kleinste Größe an und kniffen dann einen halben (maximal einen) Zentimeter in der Höhe und in der Breite weg (Zeichnung 2). Maßtabelle beachten.

Achtung! Sie können einen Schnitt höchstens um zwei Größen (siehe Tabelle) verändern, sonst stimmen die Proportionen nicht mehr. Wichtig ist auch, daß Sie nicht nur das Hauptschnitteil, sondern auch Kragen, Ärmel und Manschetten vergrößern bzw. verkleinern. Als Beispiel ist auf Zeichnung 3 ein Ärmel zu sehen. Zeichnung 4 zeigt Ihnen, an welchen Stellen Sie einen Hosenschnitt auseinanderschieben bzw. zusammenkniffen sollten.

Tip – Stoffverbrauch umrechnen

Wenn Sie den Stoff nicht in der angegebenen Breite bekommen, müssen Sie den Materialverbrauch umrechnen. Das geht ganz einfach: Errechnen Sie zuerst die Quadratmeterzahl des angegebenen Stoffes, und teilen Sie das Ergebnis durch die neue Stoffbreite. (Beispiel: Gebraucht werden 2 m, 0,90 m breit – vor Ihnen liegt ein Stoff mit 1,40 m Breite. Sie rechnen: 2 m x 0,90 m = 1,80 m², teilen diese Summe durch 1,40 m und erhalten einen Stoffverbrauch von 1,30 m, 1,40 m breit.)
Beim Umrechnen von 90 cm Breite auf 140 cm verkürzt sich die Stofflänge. Für manche Schnitteile (Hosen und Mäntel zum Beispiel) brauchen Sie aber eine bestimmte Länge – die Sie dann natürlich auch kaufen müssen!

Tip – Verstürzen

Dieses Wort wird Ihnen bei Nähanleitungen oft begegnen. Verstürzen heißt: zwei Stoffkanten aufeinanderlegen, an der Kante steppfußbreit entlangsteppen und wenden. Die Nahtzugabe liegt nun zwischen beiden Stoffen. Eventuell die Kante absteppen und bügeln. Verstürzt werden Kanten, Ausschnitte, Kragen, Passen, Bindebänder, Schlaufen und ähnliches.
Ist der Stoff sehr dick, kann die Nahtzugabe verschieden breit beschnitten werden (eine Nahtzugabe etwa 3 mm schmaler als die andere); die Naht wird dann flacher und gleichmäßiger.
Bei Rundungen oder Ecken die Nahtzugaben bis dicht vor der Stepplinie einknipsen bzw. wegschneiden, damit die Kante glatt aufliegt.

Kindermaßtabelle

Körpermaße in cm

Größe	**116**	122	**128**	134	**140**	146	**152**
Brustumfang	**60**	62	**64**	66	**68**	72	**76**
Hüftumfang	**63**	66	**69**	72	**75**	79	**83**
Taillenumfang	**54**	56	**57**	58	**60**	62	**64**
vord. Länge (Schulter bis Taille)	**28**	29	**31**	32	**33**	35	**37**
rückw. Länge (Halswirbel b. Taille)	**26**	27	**29**	30	**31**	33	**35**
vord. Ärmellänge	**30**	32	**34**	36	**38**	39	**39**
seitl. Hosenlänge	**71**	76	**80**	86	**90**	94	**98**

22
Kunterbunt neu eingefärbt

2. TEIL

Lustige Ideen

In diesem Kapitel finden Sie eine bunte Mischung fröhlicher Vorschläge zum Nähen, Färben, Bemalen und Sticken. Sie können ausprobieren, wie man langweilige Sachen mit lustigen Applikationen aufmöbelt oder durch ein Farbbad aufeinander abstimmt. Sie lernen, aus Vaters Oberhemd mit ein paar Nähten ein Kinder-Nachthemd zu machen oder ein einfaches Kleid mit einem Stickbild zu verschönern. Sie haben die Auswahl unter einem Dutzend Taschen, vom Brustbeutel bis zum Rucksack. Dazu kommen supereinfache Schnitte, die Sie immer wieder anwenden können, und neue Anregungen zum Verlängern, Flicken und Weiterverwenden von Kleidern und Hosen. In dem großen Angebot sind auch viele Sachen, die sich gut als Geschenk eignen.

22 Kunterbunt neu eingefärbt

Alle Sachen auf diesem Foto sind selbst gefärbt: Die gelben, die türkis- und die pinkfarbenen Teile haben jeweils ein gemeinsames Farbbad in der Waschmaschine bekommen und passen dadurch prima zusammen. Beim Anziehen können Sie die verschiedenen Farben gut mischen – zum Waschen sollten sie wieder nach Farben sortiert werden.

Hier wurden alte Judoanzüge, T-Shirts, Turnschuhe und Stirnbänder neu eingefärbt. Die ehemals naturweißen Baumwollanzüge und T-Shirts haben die Farben besonders gut angenommen. Sie können aber auch alte Sachen aus anderen Rohstoffen und in anderen Farben mitfärben: Das eine oder andere Teil wird die neue Farbe vielleicht weniger intensiv annehmen – der Grundton ist aber bei allen gleich. Dadurch passen auch Sachen zusammen, die früher farblich auseinandergingen. Der Vorteil eines gemeinsamen Färbegangs in der Waschmaschine: Sie sparen Zeit und Material und können die Sachen später auch wieder zusammen waschen, ohne daß etwas verfärbt! Sammeln Sie deshalb die gefärbten Teile und waschen Sie sie nach Farben sortiert.

- Färbemittel gibt es in Hülle und Fülle für alle Wassertemperaturen (auch Kaltfarben für empfindliche Gewebe).
- Viele Farben können Sie selber mischen.
- Füllen Sie die Farbe anstelle von Waschpulver in die Waschmaschine. Das schadet der Maschine nicht – höchstens die Gummiteile werden etwas getönt, färben aber nicht ab.
- Die Waschmaschine nach dem Farbbad einmal leer durchwaschen lassen, damit Farbreste weggespült werden.
- Neue Sachen vorher waschen, damit die Appretur herausgeht.
- Sehr dunkle Sachen müssen Sie vor dem Färben mit Entfärber behandeln.
- Falls eine Farbe mißlingt, können Sie alle Teile durch Entfärber wieder entfärben.
- Beachten Sie auf jeden Fall die Gebrauchsanweisung!

23 Farbenfroh bemalt

Eine andere Möglichkeit, Kindersachen zu verschönern, ist die Stoffmalerei. Hier wurde ein weißer Judoanzug mit bunten Blüten bemalt. Dazu brauchen Sie Stoffmalfarbe und eine oder mehrere Schablonen aus Zeichenkarton, mit der die Motive gleichmäßig und sauber auf den Stoff gemalt werden. Noch schneller und einfacher geht es mit Stempeln: selbstgemachten aus Kartoffeln, zurechtgeschnittenen aus Flaschenkorken oder fertig gekauften. Dabei können auch Kinder mithelfen und eigene Muster zusammenstellen.

Stoffmalerei sieht am besten auf weißen oder zartfarbenen Stoffen aus. Der Stoff kann vor oder nach dem Nähen bemalt werden, sollte aber bereits gewaschen sein, damit die Farben gut eindringen.

Das Blütenmotiv für den Judoanzug ist hier in Originalgröße abgebildet. Sie können es abpausen, die Umrisse auf den Stoff zeichnen und die Blüten und Stiele mit Farbe ausmalen. Ganz perfekt wird die Malerei mit einer Schablone: Dann müssen Sie das Blütenmotiv mit Kopierpapier auf ein 10x10 cm großes Stück Zeichenkarton oder feste Plastikfolie übertragen und die getönten Felder mit einem scharfen Schneidemesser ausschneiden. Die Schablone kommt dann auf die rechte Stoffseite. Unter den Stoff etwas Pappe oder Zeichenkarton legen (keine Zeitung oder Illustrierte – dieses Papier färbt ab!) und die Innenfläche der Schablone mit Farbe ausfüllen. Die Ecken und Ränder mit einem feinen Pinsel ausmalen.

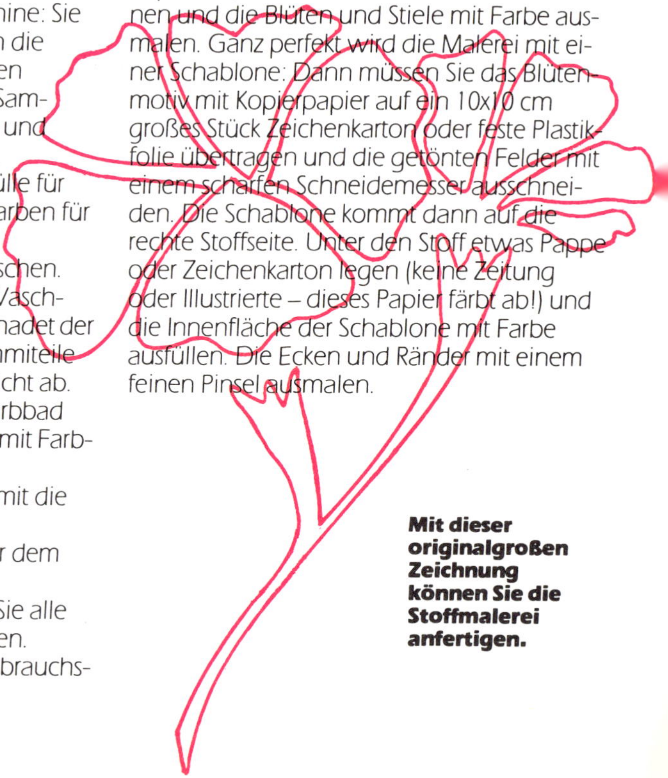

Mit dieser originalgroßen Zeichnung können Sie die Stoffmalerei anfertigen.

23
Farbenfroh bemalt

24
Applikationen
zum Selbermachen

24 Applikationen zum Selbermachen

Kleine Stoffpüppchen mit Luftballons, Drachen, Kletterseil, Schaukel oder Ringen schmücken hier pastellfarbene Sweatshirts. Die Püppchen werden einzeln angefertigt und dann auf die Sweatshirts genäht. Dadurch kann man sie später wieder abtrennen und nochmals verwenden. Die lustigen Applikationen passen auch auf Pullover, T-Shirts oder auf die Rückseite von Jacken. Witzig sehen sie auf Turnbeuteln oder großen Taschen aus. Die Püppchen werden aus Stoffresten zugeschnitten und mit dichten, kleinen Zickzackstichen auf einen Körper aus Vlieseline aufgesteppt. Dabei erst die unteren, dann die oben liegenden Stoffschichten steppen und zum Schluß die Haare aus waschfestem Garn aufnähen. Die Püppchen auf die Sweatshirts stecken und mit der Hand festnähen. Luftballons und Drachen auf die gleiche Art anfertigen und aufnähen. Dazwischen kommen dicke waschbare Wollfäden als Bänder, kleine Gardinenringe oder eine Kordel als Kletterseil (weitere Motive auf S. 68).

Tip: Wenn der Pulli zu klein geworden ist, können Sie die Applikation abtrennen und für einen neuen Pullover verwenden! Die Kordeln für Kletterseil, Schaukel usw. müssen Sie entsprechend dem Pullover verlängern. Nach der Zeichnung vom Luftballon können Sie beliebig viele Exemplare in vielen verschiedenen Farben nähen.

Mädchen mit Luftballons

Alle Karos sind hier nur 2x2 cm groß

Mädchen am Kletterseil

Mädchen auf der Schaukel

Junge mit Drachen

Alle Karos sind hier nur 2x2 cm groß.

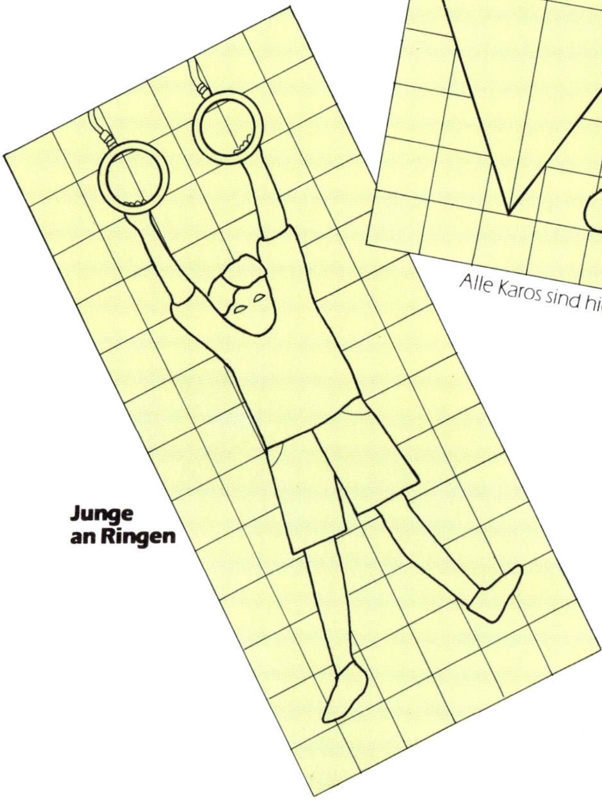

Junge an Ringen

25
Applikationen
fertig
gekauft

25 Applikationen, fertig gekauft

Eine ganze Regenbogenlandschaft schmückt hier das Vorderteil einer Jeans-Latzhose. Sie wurde aus vielen verschiedenen, fertig gekauften Stickbildern, kleinen Marienkäfern und ein paar Glitzersteinen aufgenäht. Die Stickbilder gibt es einzeln oder als Set in Kaufhäusern und Kurzwarenläden zu kaufen. Die einzelnen Motive sind unterschiedlich teuer (manchmal gibt es auch Sonderangebote) – eine ganze Landschaft wird jedoch nicht ganz billig. Die Stickbilder passen auf Sweatshirts, Pullover, Jacken und Hosen, sie verdecken auf hübsche Weise Löcher, Risse und Flecken – und sie können mehrmals verwendet werden!

Diese originalgroßen Motive aus der Bilderlandschaft (links) können Sie mit den hier abgebildeten Zeichnungen und der Anleitung von Seite 67 auch selber machen.

27
Stickbild für Kissen und Kleider

26
Oberhemden – hübsch für die Nacht

26 Oberhemden – hübsch für die Nacht

Mit wenigen Nähten wird aus Vaters Oberhemd ein schickes Nachthemd für Tochter und Sohn. Links kommt ein Smokinghemd zu neuen Ehren: Mit gekräuselter Schulterweite und Falten im Ärmel sitzt es angenehm bequem. Rechts wurden die breiten Schultern in Falten gelegt und der Kragen abgetrennt. Die Ärmel bekamen quer eingelegte Biesen, und die Knopfleiste wurde im unteren Teil zugenäht. Als Schmuck auf allen Kanten: Baumwollborte mit zarter Stickerei. Wie Sie das Oberhemd passend machen, hängt vom Schnitt des Hemdes und der Größe des Kindes ab. Manchmal läßt sich die Weite unter der Hemdenpasse neu einkräuseln. Sie können auch die Manschetten abschneiden, die Ärmel breit säumen und Gummiband einziehen. Besonders niedlich sehen gerüschte Spitzen am Ausschnitt, an der Knopfleiste und an den Ärmelsäumen aus.

27 Stickbild für Kissen und Kleider

Aschenputtel mit Täubchen zeigt dieses Stickbild, das auf schlichte Kleider mit Passe (siehe Seite 24 und 27) und auf romantische Vorhänge oder Kissen fürs Kinderzimmer paßt. Die einzelnen Figuren werden im Stielstich mit Sticktwist nachgestickt und sehen in Blau oder Rot auf Weiß am schönsten aus. Die Motive sind hier in Originalgröße abgedruckt, so daß Sie sie leicht auf Transparentpapier übertragen können. Zum Zeichnen auf den Stoff brauchen Sie farbiges Kopierpapier, zum Fixieren der Linien eine Dose Fixativspray. Legen Sie das Kopierpapier auf den Stoff, darauf kommt das Transparentpapier mit dem abgezeichneten Motiv. Ziehen Sie nun alle Linien mit einem Kugelschreiber nach, und drücken Sie dabei kräftig auf. Danach Kopier- und Transparentpapier abnehmen und das Motiv auf dem Stoff mit Fixativspray fixieren. Den Sticktwist teilen und mit zwei Fäden das Stickbild im Stielstich nachsticken.

Tip: Als Stickvorlage eignen sich auch Zeichnungen, die Ihre Kinder angefertigt haben. Die naiven Bilder lassen sich gut nachsticken und sehen besonders niedlich aus. Sie können auch Muster von alten Stickereien abpausen (Pergamentpapier darüberlegen und mit Bleistift abzeichnen) oder mehrere Motive zu einem hübschen Stickbild zusammenstellen.

Stickmotiv für Kissen und Kleider in Originalgröße

28 Dieser Kragen macht Kleider festlich

Wie eine große duftige Passe liegt dieser Kragen auf den Schultern. Er sieht vorn und hinten (bis auf den Verschluß) gleich aus und ist rundherum von einer Rüsche eingerahmt. Der Kragen paßt zu vielen Kleidern (auch zu Nickypullovern!) und putzt sie für besondere Anlässe festlich heraus. Der Ausschnitt wird mit einem Schrägstreifen eingefaßt und läßt sich mit ein paar Stichen am Kleid festheften oder mit angenähten Druckknöpfen festmachen. Der Kragen sieht auch ohne die kleinen Kreuzstich-Motive hübsch aus. Sie sollten ihn dann aus leichtem Tupfenbatist, in sich gemustertem Damast, Seide oder aus glänzendem Satin nähen.

Stoffverbrauch und Material: 50 cm Stoff, 90 cm breit; 7 Druckknöpfe; je 1 Docke Sticktwist in Pink, Braun, Hellrosa, Hellgrün, Lila, Gelb, Blau, Hellrot; Stramin, Stichgröße 52.
Anleitung: Den Kagen 2mal mit 5 mm breiter Nahtzugabe zuschneiden. Für die Rüschen zwei Schrägstreifen, je 1,25 m lang und 4,5 cm breit, zuschneiden. Fertige Rüschenbreite 2,5 cm. Die Rüschen nähen und unter den Kragen steppen. Sie stoßen in der vorderen und rückwärtigen Mitte gegeneinander. Den Halsring mit einem Schrägstreifen versäubern. Achtung, den Schrägstreifen in der vorderen Kragenmitte geschlossen lassen.
Sticken: Den Stramin aufheften. Die Kreuze von der Schemazeichnung abzählen (Symbole = Stickfarben) und das Motiv mit geteiltem Sticktwist (2fädig) im Kreuzstich sticken. (Das 2. Motiv gegengleich aufsticken). Den Stramin anfeuchten und herausziehen.

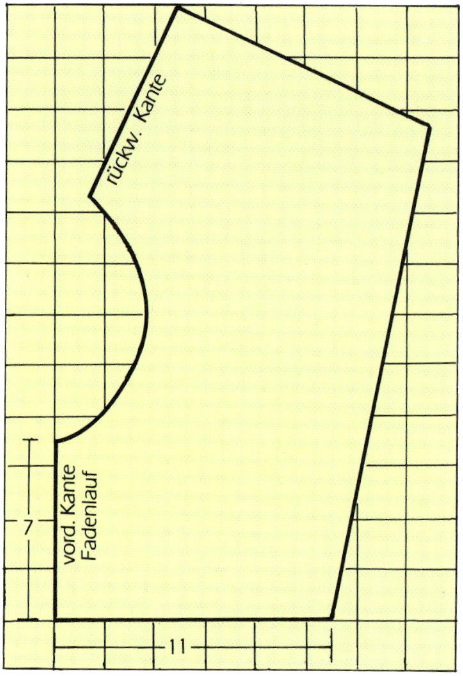

Ein Karo ist hier nur 2x2 cm groß

Zeichenerklärung
○ = Pink
✳ = Braun
═ = Hellrosa
X = Hellgrün
◢ = Lila
Z = Gelb
| = Blau
● = Hellrot

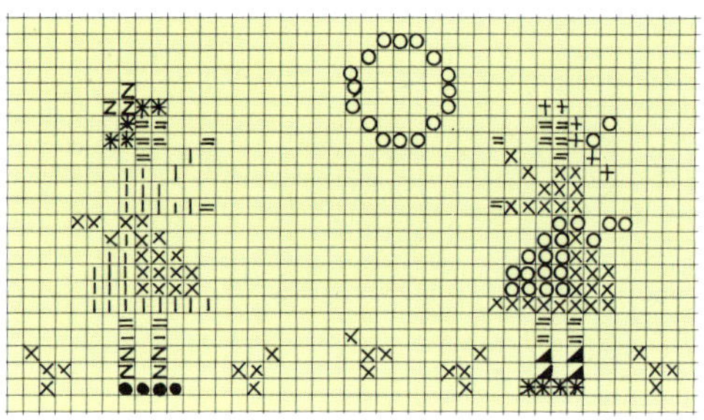

Stickvorlage für eine Kragenhälfte

28
Kragen

29 Wenn das Lieblingskleid zu klein wird . . .

. . . aber noch gut erhalten ist, können Sie es mit ein paar Tricks wieder passend machen: Meistens fehlt es nicht nur an der Länge, sondern auch an der Weite.
Beim Kleid wurden deshalb breite Blenden in die Passe, die Ärmel und in den Rock gesetzt. Dafür die Passe hinten und vorn etwas auftrennen, die Blenden einsetzen, die Kräuselweite vom Rock auslassen und die Passe wieder aufsteppen. An den Rock unten noch eine gerüschte Spitzenborte (oder eine Rüsche aus dem Blendenstoff) ansetzen – dann kann sogar die Falte erhalten bleiben.
Bei der Bluse wurden breite Streifen ins Vorder- und Rückenteil und in die Ärmel eingenäht. Dafür können Sie kontrastfarbene Stoffe oder – vor allem bei weißen Blusen – auch Spitzenborte nehmen.
Der Rock wurde – wie beim Kleid – mit einer eingesetzten Blende und einer angenähten Rüsche verlängert.
Wählen Sie für die Veränderungen einen Stoff, der in Farbe, Materialstärke und Muster gut zu den Kleidungsstücken paßt. Wenn dieser Stoff neu ist, sollten Sie ihn vor dem Nähen waschen, damit Appretur und überschüssige Farbe herausgehen und er nicht mehr einlaufen kann.

Stoffblenden zum Verbreitern und Verlängern

Streifen in Kontrastfarbe

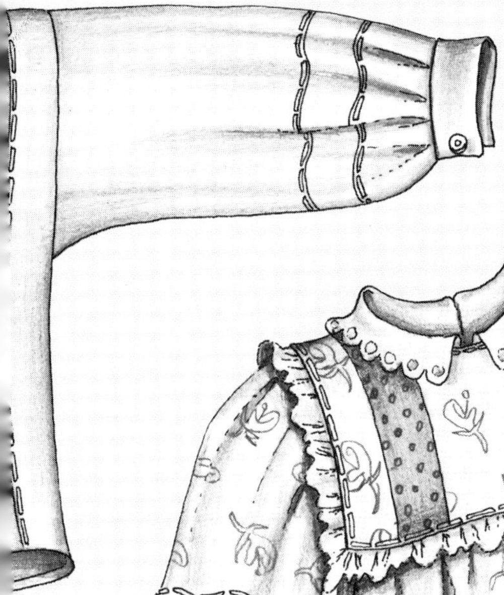
sche,
eu angesetzt

Streifen in Passe, Ärmel und Rock
Neue Spitzenrüsche

30 Mit Hühnern bestickt

Vier kleine Stickhühner tummeln sich auf diesen Sommerkleidern. Die niedlichen Motive werden mit Sticktwist im Stielstich aufgestickt und sind leicht nachzumachen. Die vier Hühner können auch – hintereinander aufgereiht – als Bordüre um einen Saum gestickt werden. Das sieht besonders hübsch an hellen Sommerkleidern und schlichten, gerade geschnittenen Röcken aus. Ein einzelnes Huhn paßt auch als Schmuck auf große Taschen oder breite Träger. Die originalgroßen Stickmotive können Sie nach der Anleitung von Seite 74 auf den Stoff übertragen. Die Trägerkleider werden nach dem Schnitt auf Seite 30 genäht. Der einzige Unterschied: Hier werden die Träger nicht geknöpft, sondern auf den Schultern gebunden. Sie müssen deshalb vier Träger, 3 cm breit und 25 cm lang (mit Nahtzugaben) zuschneiden, auf 1 cm Breite verstürzen und hinten und vorn an die Passe des Kleides nähen.

Stickmotive für Hühner in Originalgröße

30
Mit Hühnern bestickt

31 Wenn die Hosen zu kurz werden . . .

. . . aber in der Weite noch passen, lohnen sich diese Veränderungen: Aus Jeans werden freche Shorts. Hier braucht der Saum nicht umgenäht zu werden, im Gegenteil: Fransen Sie den kürzer geschnittenen Saum ein bißchen aus. Als Knieflicken können Sie abgetrennte Taschen (auch von anderen Jeans) aufsteppen. Kleine Löcher werden mit Stoff- oder Lederflicken verdeckt.

Weite Hosen sehen in Dreiviertellänge im Sommer lustig aus und passen im Winter gut zu Stiefeln. Wenn der Stoff weich genug ist, können Sie unten Bindebänder einziehen oder einen Teil der Weite mit kleinen Fältchen absteppen und den Rest mit einem Riegel zusammenhalten. Sie können die Hosen aber auch zu Bermudas oder frechen Shorts kürzen. Schadhafte Knie bekommen einen Flicken aus den abgeschnittenen Hosenbeinen.

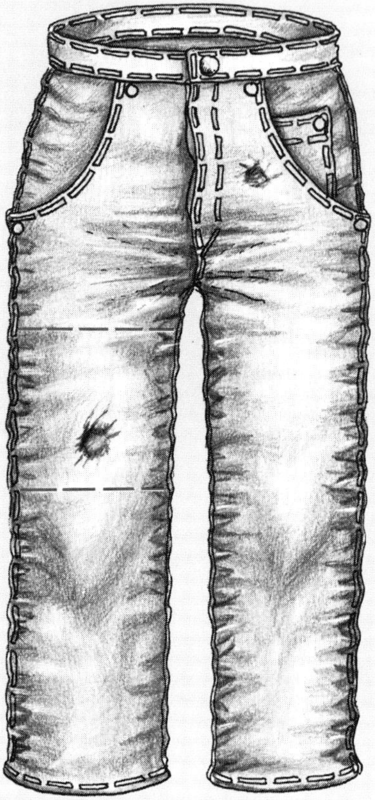

Alte Jeans werden . . .

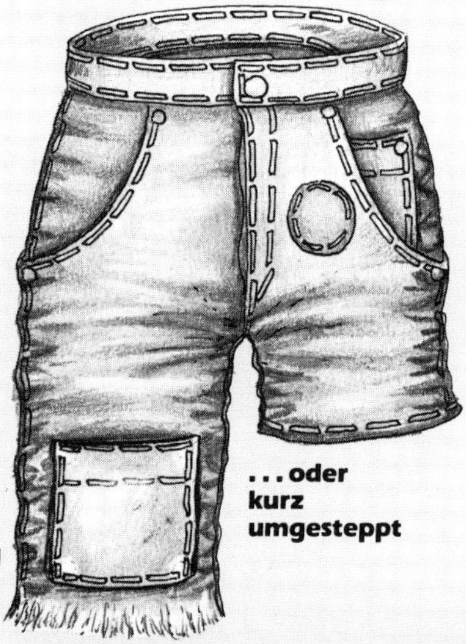

. . . knielang ausgefranst

. . . oder kurz umgesteppt

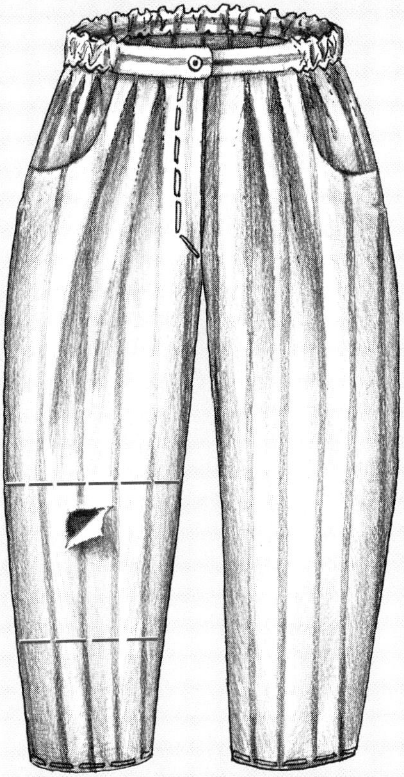

Weite Hosen . . .

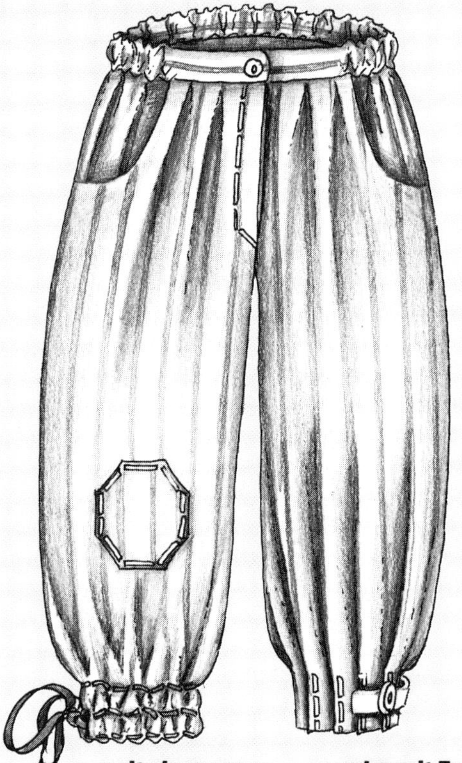

. . . mit eingezoge-nen Bändchen

. . . oder mit Falten und Riegel

. . . als Bermudas mit Knieflicken

. . . oder als Shorts mit Schlitz

32
Bademäntel

32 Bademäntel in Größe 128 und 152

Wer Bademäntel selber näht, kann eine Menge Geld sparen: Diese hier im Wickelschnitt sind schnell fertig und passen lange. Bei der Stoffwahl kommt es darauf an, ob der Mantel mehr im Haus als Morgenmantel oder am Strand und im Schwimmbad angezogen wird. Für einen Hausmantel sind weiche Flauschstoffe schön. Innen angerauhte Sweatshirt-Stoffe, Jerseyfrottee oder Nickystoff eignen sich fürs Baden und für zu Hause. Dicke, saugfähige Frotteestoffe sind vorwiegend für den Strand geeignet. Hier sind beide Mäntel aus Sweatshirt-Stoff. Beim blau-weißen Mantel wurden die Ärmel zweifarbig zusammengesetzt. Passend dazu sind die Ausschnittblenden und die Bindebänder aus weißem Baumwollband. Der weiße Bademantel hat eine große, spitze Kapuze. Sie können den Mantelschnitt also nach Lust und Laune variieren und für jedes Kind ein anderes Modell nähen. Bademäntel sind auch ein gerngesehenes Geschenk zum Geburtstag oder zu Weihnachten!

ANLEITUNG:

Stoffverbrauch und Material: 2,10 m Stoff, 1,40 m breit für Gr. 128 (Gr. 152 = 2,50 m). Für den blau-weißen Mantel 0,80 m weißer Stoff, 0,90 m breit; 5 m Baumwollband, 2 cm breit.

Zuschneiden und Nähen: Alle Teile mit 1 cm Nahtzugabe zuschneiden. An den Längen je 4 cm Nahtzugabe für den Saum zugeben. Zwei Streifen für die Bindebänder, 3 cm breit und je 70 cm lang, zuschneiden (entfällt beim blau-weißen Mantel). Zum Versäubern der Bademantelkanten 4 cm breite Formstreifen zuschneiden oder die Kanten – je nach Stoffstärke – mit 4 cm breiten Paspelstreifen aus dem Mantelstoff, Satin-Schrägstreifen oder Baumwollband einfassen. Die Ärmel an Vorder- bzw. Rückenteil nähen. Die inneren Ärmelnähte und die Seitennähte des Mantels schließen. Dabei bei X einen kleinen Schlitz zum Durchziehen des Bindebandes und das Stück für die Tascheneingriffe offenlassen. Die Taschenbeutel an die Nahtzugaben setzen und die Beutel zusammennähen. Die Kapuzennähte schließen und die Kapuze in den Halsausschnitt setzen. Die Kanten von Mantel und Kapuze versäubern: Die Formstreifen aneinandersteppen, rechts auf rechts an die Kanten nähen, nach innen kippen, die Nahtzugabe einbiegen und die Streifen als 2 cm breite Blende feststeppen. Oder: Die Kanten mit dem Paspelstreifen 1 cm breit einfassen. Oder: Die Kanten 1 cm breit nach rechts bügeln und das Baumwollband aufsteppen, am Ausschnitt gleich als Bindeband weiterlaufen lassen. Außerdem Baumwollband auf die Ansatznähte der Ärmel steppen. Die Bindebänder verstürzen und auf den Mantel steppen. Mantel und Ärmel säumen (Schnittzeichnung auf S. 86).

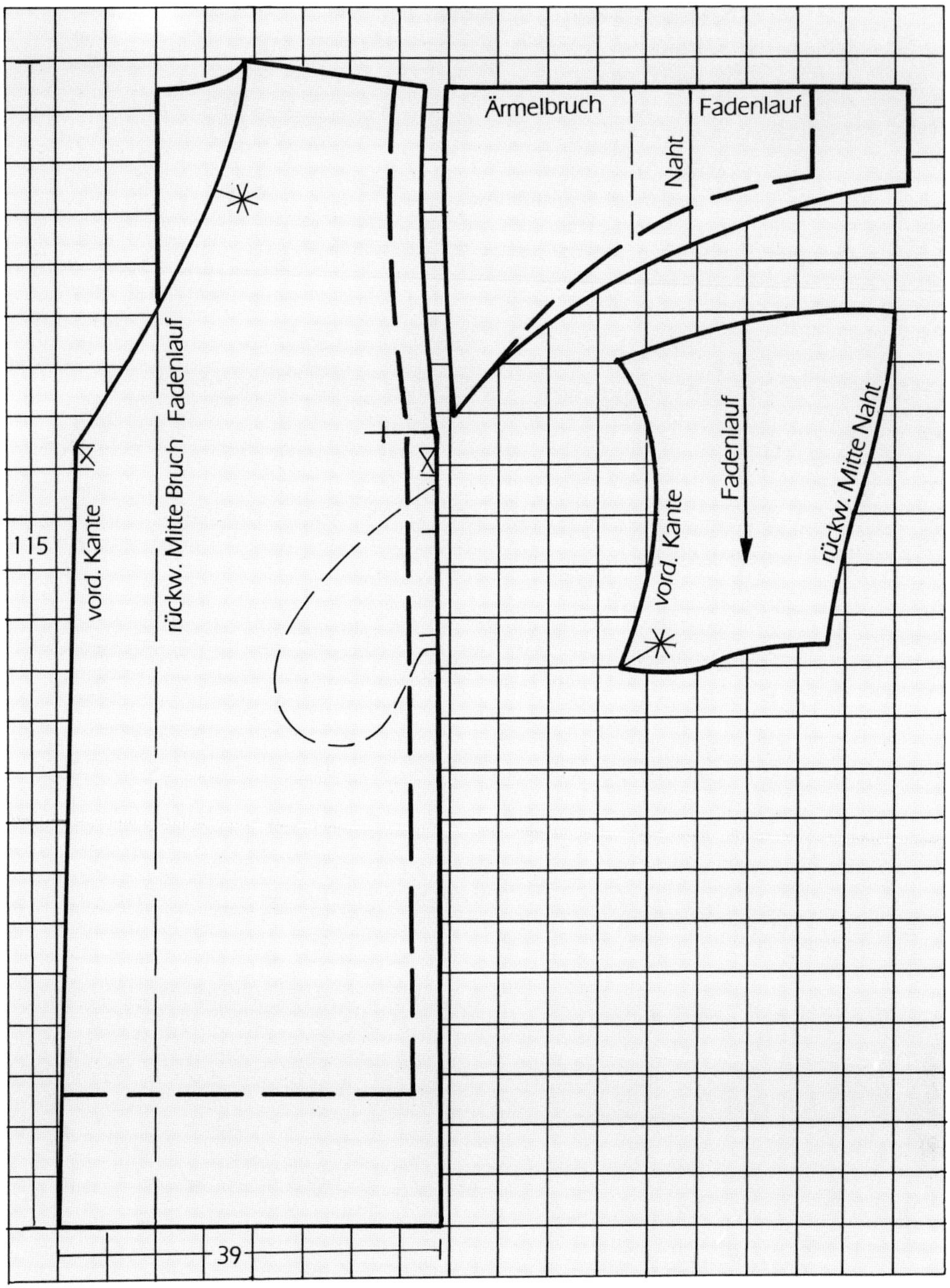

Ein Karo ist 5x5 cm groß
Bademantel: Gr. 128 _ _ _ _ Gr. 152 ______

33

Kleine und große Taschen

Fröhlich und praktisch zugleich sind die niedlichen Umhängetaschen auf der folgenden Seite. Je nach Größe reichen sie für Portemonnaie und Taschentuch, Butterbrot, Badezeug oder sogar für Schlafgepäck, wenn Ihr Kind bei Freunden übernachtet. Alle Taschen sind schnell gemacht und originelle Geschenke für Kindergeburtstage.

ANLEITUNG:

Tasche A

Stoffverbrauch und Material: 15x35 cm Teddyplüsch oder Webpelz; 70 cm Kordel; 1 Klettverschluß, etwa 8 cm lang; 2 Knopfaugen oder 2 normale Knöpfe mit 1 cm Ø, 45 cm Nylonband für die Barthaare.

Zuschneiden und Nähen: Die Tasche zweimal mit 1 cm breiter Nahtzugabe zuschneiden. Die Taschenteile zusammensteppen. An der oberen Kante einen etwa 10 cm langen Schlitz offenlassen. An die Schlitzkanten den Klettverschluß annähen. Neben dem Verschluß die Kordelenden festnähen. Auf eine Seite der Tasche bei + die Knöpfe als Augen nähen. Die Nase mit Wollfäden aussticken. Das Nylonband in 15 cm lange Stücke schneiden und als Barthaare unterhalb der Nase einziehen.

Tasche B

Stoffverbrauch und Material: 50 cm beschichteter Stoff, 90 cm breit; 2 m Gurtband, 2,5 cm breit; 2 Ringe, 3 cm Ø; 2 Karabinerhaken, etwa 5 cm lang; 1 Reißverschluß, 30 cm lang.

Zuschneiden und Nähen: Die fertige Tasche ist etwa 36x27 cm groß. Für die Taschenseitenteile 2 Kreise mit 18 cm Ø zuschneiden. Das Taschenteil 38x58 cm groß zuschneiden. Für die seitlichen Schlaufen vom Gurtband zweimal 10 cm und für die Henkel zweimal 55 cm abschneiden. Das restliche Band wird der Trageriemen. Das Taschenteil zur Hälfte in den Bruch legen und an den Seiten jeweils 4 cm zunähen. Die runden Seitenteile einsetzen, dabei an der oberen Kante jeweils 1 Schlaufe mit Ring zwischenfassen. In die obere Kante den Reißverschluß einsteppen. Die Henkel auf die Tasche steppen. An die Enden vom Trageriemen jeweils einen Karabinerhaken annähen und in die Ringe haken.

Tasche C

Stoffverbrauch und Material: Je 30x20 cm dunkelgeblümter Stoff und hellgeblümter Stoff für die Paspel; 3 verschiedenfarbene Baumwollreste für die Stricktasche; jeweils 1 Knopf.

Stofftasche

Zuschneiden und Nähen: Die fertige Tasche ist 10x9 cm groß. Drei Taschenteile 16x10 cm groß zuschneiden. Die Ecken etwas abrunden. Für die Paspel und den Träger insgesamt 110 cm lange und 3 cm breite Schrägstreifen zuschneiden (durch Nähte verbinden). Zwei Taschenteile aufeinanderlegen, das andere Taschenteil zur Hälfte in den Bruch bügeln und auf die beiden Taschenteile stecken (wird Eingriff). Mit dem Schrägstreifen die Tasche rundherum 8 mm breit einfassen. Das obere Taschenteil als Klappe umbügeln. Den Schrägstreifen auf 1 cm Breite verstürzen, ein 5 cm langes Stück abschneiden und als Schlaufe auf die Klappenmitte nähen. Den Rest als Trageriemen neben dem Eingriff festnähen. Den Knopf annähen.

Stricktasche

Aus Baumwollresten einen 10 cm breiten und 24 cm langen Streifen kraus re. stricken (Hinr. re., Rückr. re.) Die Farbe alle 8 cm Länge wechseln. Das untere Teil 8 cm breit nach innen kippen und die Seiten im Maschenstich zunähen. Den Träger etwa 70 cm lang anhäkeln. Die Tasche mit Häkelschlaufe und Knopf schließen.

Nach dieser originalgroßen Zeichnung können Sie die kleine Tasche (Modell A) zuschneiden

33 Kleine und große Taschen

A Ein lustiger Teddykopf ist die Grundlage für zwei kleine Taschen, die Sie aus farbigem oder geflecktem Teddyplüsch nähen können.

B Der große Beutel aus beschichtetem Stoff bietet Platz genug für Badezeug und Sportsachen.

C Kleine Brustbeutel können Kinder immer gebrauchen: Sie werden aus Stoffresten genäht oder aus Garnresten gestrickt.

D Zwei praktische Brottaschen für Kindergarten und Schule: Durch das Material (Plastikfolie) sind sie abwaschbar und unempfindlich gegen Feuchtigkeit.

E In die Plüschtasche paßt allerlei Kleinkram, den Kinder gern bei sich haben.

F Der dreifarbige Beutel hat einen runden Boden, wird mit Kordeln zusammengehalten und ist groß genug fürs Turnzeug.

G Die Umhängetasche aus hellem, festem Baumwollstoff (Leinen oder Jeansstoff sind auch schön dafür) sieht aus wie eine Jagd- oder Anglertasche.

H Der Rucksack hat einen ganz einfachen Schnitt und ist besonders leicht durch den dünnen Nylonstoff. Sie können dafür aber auch Segeltuch oder Markisenstoff nehmen.

Tasche D

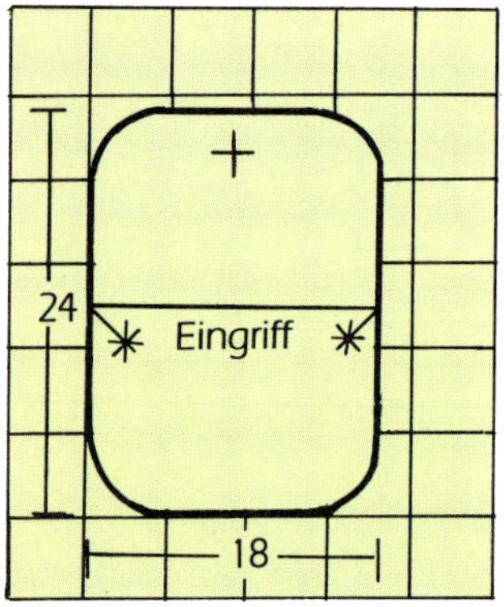

Ein Karo ist 5x5 cm groß

Stoffverbrauch und Material: 50x40 cm durchsichtige Klarsichtfolie; 1 Metalldruckknopf. Für die Tasche mit Paspeln zusätzlich 3,50 m Schrägband, 3 cm breit.
Zuschneiden und Nähen: Die Teile ohne Nahtzugabe zuschneiden. Das Taschenteil einmal ganz und einmal bis zum Eingriff (s. Schema) zuschneiden. Das Seitenteil 37 cm lang und 5 cm breit zuschneiden. Den Streifen für den Träger aus den Resten (mit Ansatznähten) etwa 1,10 m lang und 4 cm breit zuschneiden.
Tasche aus Folie: Das Seitenteil mit knapper Naht an die Taschenteile steppen. Falls die Nähmaschine Stiche ausläßt, empfiehlt sich ein Teflonfüßchen (Kaufhaus). In die Taschenklappe und in die Tasche den Metalldruckknopf stanzen. Die Streifen für den Träger aneinandersetzen, auf 2 cm Breite zusammenlegen und die Kanten knappkantig absteppen. Den Träger auf die Seitenteile steppen.
Tasche mit Paspeln: Die Tasche wie oben beschrieben nähen und alle Kanten mit Schrägband 8 mm breit einfassen. Für die Träger die Schnittkanten der Schrägstreifen nahtbreit umbügeln und der Länge nach aufeinandersteppen, fertige Breite ist 1,8 cm. Den Träger mit einem Stepplinienquadrat auf die Seitenteile nähen.

Tasche E

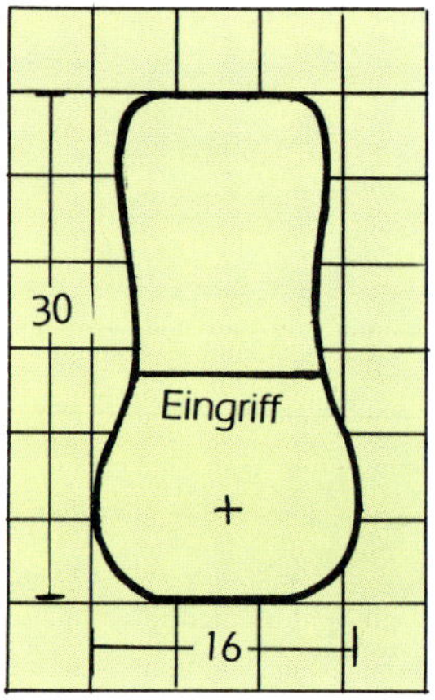

Ein Karo ist 5x5 cm groß

Stoffverbrauch und Material: 40x30 cm cremefarbener Teddyplüsch; 1 m Kordel; 1 Schnalle, 2 cm breit; ein Lederstreifen, etwa 8 cm lang und 1,5 cm breit.
Zuschneiden und Nähen: Das Taschenteil mit 1 cm breiter Nahtzugabe einmal mit Klappe und einmal ohne (bis Eingriff) zuschneiden. Die Taschenklappe als Beleg noch einmal zuschneiden. Die Taschenklappe mit dem Beleg verstürzen. Die Taschenteile aneinandersteppen. Den Tascheneingriff umsäumen. Den Beleg der Klappe mit der Hand mit möglichst unsichtbaren Stichen annähen. Die Kordelenden neben dem Eingriff auf die seitlichen Nahtzugaben nähen. In den Lederstreifen 3 Löcher stanzen und die Enden als Spitze zuschneiden. Den Lederstreifen auf die Taschenklappe steppen. Die Schnalle bei + annähen.

Tasche F

Stoffverbrauch und Material: 3 verschiedenfarbige Jerseystreifen, je 50x15 cm groß; ein 18x18 cm großes Jerseystück für den Taschenboden; 1 m Kordel; 4 Metallösen, 1 cm Ø.
Zuschneiden und Nähen: Für den Boden einen Kreis mit 16 cm Ø zuschneiden. Die Streifen mit 1,5 cm breiten Nahtzugaben aneinandersteppen und mit schmaler Naht zum Schlauch zusammennähen. Den Kreis

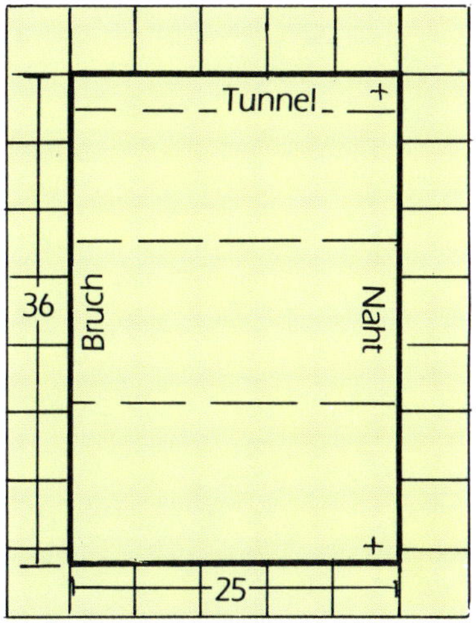

Ein Karo ist 5x5 cm groß

als Boden einsetzen. Neben der Längsnaht 2 Ösen bei + einstanzen. Die obere Beutelkante 2 cm breit umnähen, die Kordel einziehen, durch die beiden unteren Ösen am Beutelboden führen und unterhalb der Ösen die Bandenden miteinander verknoten.

Tasche G

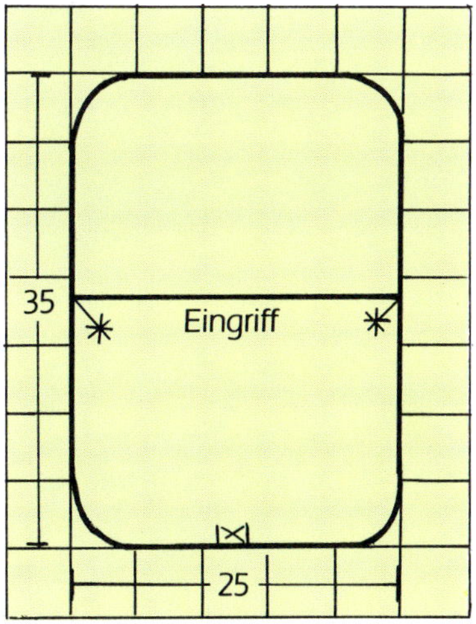

Ein Karo ist 5x5 cm groß

Stoffverbrauch und Material: 35 cm naturfarbenes Leinen, 90 cm breit; 4 Metallringe, 3 cm Ø.

Zuschneiden und Nähen: Die Taschenteile mit 1 cm breiter Nahtzugabe zuschneiden. Das Taschenteil (inkl. Taschenklappe) einmal ganz und einmal bis zum Eingriff (s. Schema) zuschneiden. Das Seitenteil 65 cm lang und 10 cm breit zuschneiden. Den Träger insgesamt 1,20 m lang und 7 cm breit zuschneiden. Drei Streifen je 12 cm lang und 7 cm breit für Schlaufen und Riegel zuschneiden. Den Tascheneingriff nahtbreit umsteppen. Die oberen Enden vom Seitenteil nahtbreit umnähen. Das Seitenteil an das kleine Taschenteil steppen und die Ansatznähte von der rechten Seite knapp absteppen. Das Taschenteil mit Klappe an die andere Seite vom Seitenteil setzen. Die Nahtzugaben der Taschenklappe rundherum knapp umsteppen. Für den Träger den langen Streifen auf 2,5 cm Breite verstürzen. Ein Trägerende auf das Seitenteil steppen. Zwei Schlaufen auf 2,5 cm Breite verstürzen und jeweils 2 Ringe einlegen. Eine Schlaufe für den Träger auf das Seitenteil steppen, die andere Schlaufe für die Klappe bei X annähen. Den letzten Streifen als Riegel auf die Klappenmitte steppen.

Tasche H

Stoffverbrauch und Material: 40 cm roter und 20 cm blauer Nylonstoff, beide 90 cm breit; 1 m Kordel; 6 Ringe, 1,5 cm Ø.

Zuschneiden und Nähen: Die Teile mit 1 cm breiter Nahtzugabe zuschneiden. Die Tasche aus dem blauen Stoff 18x28 cm groß zuschneiden. Die Klappe 21x21 cm groß zuschneiden und die Seiten abrunden. Die Träger 2mal je 70 cm lang und 4 cm breit, den Riegel 15 cm lang und 9 cm breit zuschneiden. Den Schrägstreifen zum Einfassen der Klappe insgesamt 50 cm lang und 3 cm breit zuschneiden (mehrere Ansatznähte legen). Aus dem roten Stoff 2 Schlaufen 8 cm

Schnittzeichnung nächste Seite →

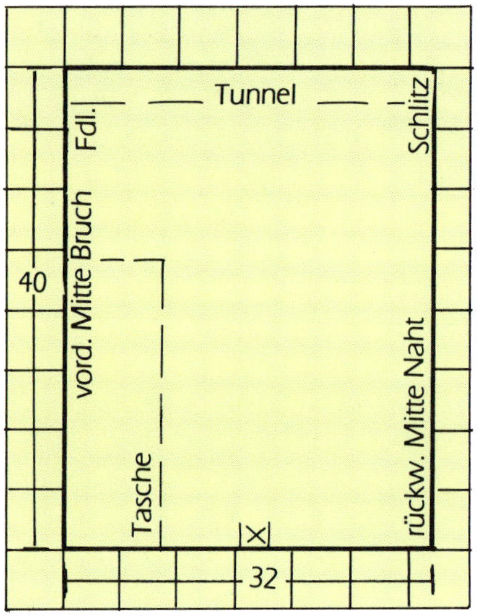

Ein Karo ist 5x5 cm groß

lang und 4 cm breit zuschneiden. Die Naht im Beutelteil schließen, dabei etwa 15 cm für den Schlitz offenlassen und die Naht in die rückwärtige Mitte legen. Die obere Kante der aufgesetzten Tasche umsteppen, die restlichen Schnittkanten nach innen kippen und die Tasche auf die Beutelmitte steppen. Die Schlaufen auf etwa 2 cm Breite verstürzen und je 2 Ringe einlegen. Die untere Naht im Beutel schließen und bei X die Schlaufen mit dazwischenfassen. Die Träger auf 4 cm Breite verstürzen und die Kanten absteppen. Die oberen Trägerenden überkreuz unterhalb des Schlitzes aufnähen. Die Klappe 8 mm breit mit dem Schrägstreifen einfassen und mit einer Kappnaht aufsteppen, dabei die Trägerenden verdecken. Die obere Kante 1,5 cm breit umsteppen und die Kordel einziehen. Für die Klappe den Riegel auf 3,5 cm Breite verstürzen. Den Riegel auf die Klappenmitte steppen. Die restlichen beiden Ringe mit einer 1,5 cm breiten Schlaufe auf die Taschenmitte steppen. Den Riegel der Klappe durch die Ringe ziehen.

34 Katzen zum Tragen und Kuscheln

Die kleine Katze ist ein Portemonnaie, die große Katze läßt sich als Tasche nutzen. Beide werden aus Webpelz genäht und oben am Rücken mit Klettband zugemacht. Wer will, kann dort auch einen Reißverschluß einsetzen oder die Taschen mit Druckknöpfen schließen. Die Katzen-Nasen werden aufgestickt, die glitzernden Augen gibt es in Bastelläden zu kaufen. Als Barthaare werden Plastikfäden eingezogen (Fotos auf Seite 94/95).
Nach dem gleichen Schnitt entsteht die weiche Kuschelkatze: Sie eignet sich zum Schmusen und Spielen, denn in ihrem Bauch ist Platz für zwei kleine Katzenkinder! Sie werden durch einen Schlitz in der Bauchnaht hineingesteckt. Zum Nähen können Sie gut Stoffreste verwenden; die Stoffe sollten nicht zu dick und möglichst schmiegsam sein. Alle Katzen eignen sich gut als Geschenk!

ANLEITUNG:

Stoffverbrauch und Material:
Katzenmutter: 60 cm Puschelfell, 40 cm breit, in Grau oder Grün. Ein Rest weißes Puschelfell für Ohren, Pfoten und Schwanz.
Katzenkind: je 20 cm Puschelfell, 30 cm breit, in Rot, Weiß oder Grau.
Für alle Katzen: Taft- oder Nesselreste für die Innenbeutel. Füllmaterial zum Ausstopfen. Stickgarn für Mund und Nase. Knöpfe oder Katzenaugen. Nylonfäden für die Barthaare. Für die Umhängetaschen je 80 cm Kordel. Für die Taschenschlitze Klettband, Druckknöpfe oder je ein Reißverschluß.

Zuschneiden und Nähen: Die Katzenteile je zweimal mit rundherum 1 cm Nahtzugabe zuschneiden. Bei der Katzenmutter die 3 cm breiten Schwanzstücke mit 1 cm breiten Nahtzugaben zuschneiden und an die Katzenteile nähen. Für die Innenohren je ein weißes Dreieck zuschneiden und später mit der Hand aufnähen. Die Katzenteile rechts auf rechts legen und zusammensteppen. Dabei bei der Katzenmutter entweder im Rükken oder in der Bauchnaht einen ca. 12 cm langen Schlitz offenlassen. Bei den Katzenkindern die gesamte Rückennaht offenlassen. Die Innenbeutel passend zur Katzengröße mit 1 cm Nahtzugaben zuschneiden. Kopf, Pfoten und Schwanz der Katze mit Füllmaterial ausstopfen. Die runde Naht der Innenbeutel zunähen, die offenen Kanten an die Schlitzkanten der Katze nähen und den Beutel in die Katze schieben. Klettband, Druckknöpfe oder Reißverschluß annähen. Katzenaugen oder Knöpfe aufnähen, Nase und Mund sticken und die Barthaare einziehen. Für die Umhängetaschen die Kordel an den Seiten der Rückenschlitze befestigen.

Ein Karo ist 5x5 cm groß

Ein Karo ist hier nur 2x2 cm groß

34
Zum Spielen: Katzenmutter mit Kindern

34
Die Katzen als Taschen

35
Kapuzenjacke aus einer Wolldecke

35 Kapuzenjacke aus einer Wolldecke

Einen ganz einfachen Schnitt hat diese Jacke: Vorder- und Rückenteil sind fast gerade, die Ärmel werden ohne Rundung angesetzt und können – wenn der Stoff breit genug ist – gleich angeschnitten werden. Hier wurde eine Wolldecke verarbeitet. Dann braucht die Jacke nicht gefüttert zu werden, und die Kanten und Nähte lassen sich auf simple Weise versäubern: Hier wurde Nahtband in zwei Rottönen darübergesteppt. Genauso hübsch sieht es aus, wenn Sie die Jackenkanten im Languettenstich mit der Hand umranden. Sie können die Jacke natürlich auch aus weichem Flauschstoff nähen. Der Schnitt paßt Gr. 116 bis 140.

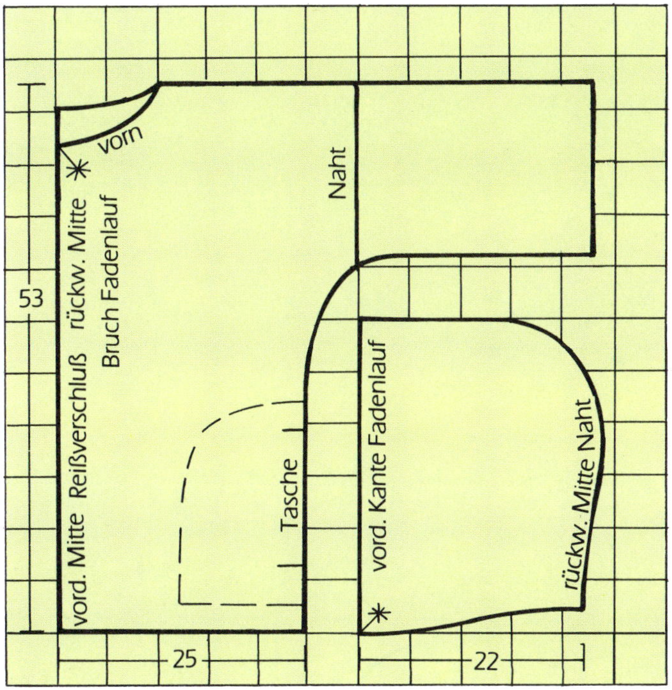

Ein Karo ist 5x5 cm groß

ANLEITUNG:

Stoffverbrauch und Material: Eine Wolldecke oder 1,50 m Flausch, 90 cm breit; 1 aushakbarer Reißverschluß, 40 cm lang; 4,50 m Nahtband in Hellrot, 1,20 m Nahtband in Aubergine, jeweils 2 cm breit; 1 m dünne Baumwollkordel.

Zuschneiden und Nähen: Schneiden Sie die Jackenteile mit 1 cm Nahtzugabe zu. (Wenn Sie die Säume und Kanten mit der Hand umsticken wollen, diese ohne Nahtzugaben zuschneiden.) An die Halskante der Kapuze 2 cm Nahtzugabe anschneiden. Schulternähte schließen. Ärmel links auf links ansetzen und von der rechten Seite je einen Streifen hellrotes und auberginefarbenes Nahtband so aufsteppen, daß die Nahtzugaben verdeckt sind. Ärmel- und Seitennähte schließen, dabei für die Taschen einen Schlitz offenlassen. In die vorderen Kapuzenecken je ein Knopfloch nähen. Die Kapuzenmittelnaht links auf links zusammensteppen und wie bei den Ärmeln Nahtband darübersteppen. Taschenbeutel an die Nahtzugabe vom Rückenteil setzen. Eingriffskanten in den Vorderteilen schmal absteppen. Taschenbeutel in die Vorderteile legen und von rechts durchsteppen. Die Kapuze mit einer Kappnaht ins Halsloch nähen. Das Nahtband schmalkantig an alle Kanten und Säume steppen, nach innen kippen und wie einen Saum festnähen. Den Reißverschluß verdeckt einsteppen, Kordel in den Kapuzenrand ziehen. Zwei 12 cm große, runde Steppflicken (fertig gekauft oder aus einem Stoffrest genäht) auf die Ellenbogen nähen.

36
Streifen-
pullis

3. TEIL

Schnell gestrickt

Bei einer kompletten Grundgarderobe für Kinder dürfen Stricksachen nicht fehlen. Hier sind lustig-bunte Pullover, Jacken, Pullunder, Mützen, Schal, Stutzen und Handschuhe, die Sie schnell stricken können. Alle Schnitte sind so bemessen, daß sie lange passen. Beim Kauf des Garns helfen Ihnen die angegebene Lauflänge und die Nadelstärke – beide Zahlen müssen mit denen auf der Banderole des Knäuels übereinstimmen! Vor dem Stricken sollten Sie unbedingt eine Maschenprobe machen: Sie können erst nach der Strickanleitung arbeiten, wenn die Maschenprobe den dort angegebenen Maßen, Reihen und Maschen entspricht. Ist Ihre Maschenprobe kleiner, können Sie es mit einer stärkeren Nadel versuchen oder lockerer stricken. Ist sie zu groß, nehmen Sie eine feinere Nadel, oder Sie stricken etwas fester.

36 Streifenpullis in Größe 128 und 152

Beide Pullis entstehen nach ein- und demselben Schnitt, nur die Farben werden gewechselt – und das gleich mehrmals: Beim marinefarbenen Pullover sind die Streifen auf Bauch und Rücken kornblumenblau, auf den Ärmeln dagegen leuchten sie türkisgrün. Beim roten Pullover tauchen als Überraschung drei verschiedene Blautöne auf. Dieses Wechselspiel können Sie beliebig fortsetzen und viele verschiedene Pullover stricken. Für das einfache, glatt rechts gestrickte Muster eignen sich alle glatten Wollsorten oder Baumwollgarne.

ANLEITUNG:

Alle Angaben für Größe 152 stehen, sofern sie abweichen, in Klammern. Der rotgrundige Pullover wird hier als Beispiel beschrieben.

Material: 350 g (400 g) mittelstarke Wolle (Lauflänge 166 m/50 g), d. h. 200 g (250 g) in Rot und je 50 g in 3 verschiedenen Blautönen sowie je 1 Rundstricknadel Nr. 3,5 und Nr. 4.

Grundmuster: glatt re. (Hinr. re., Rückr. li., in Rd. nur re.)

Maschenprobe: 24 M. in der Breite und 34 R. in der Höhe ergeben 10 cm im Quadrat.

Rücken- und Vorderteil werden bis zu den Armausschnitten in einem Stück in Runden gestrickt. Dafür 180 M. (196 M.) mit Nadel Nr. 3,5 in Rot anschlagen, zur Rd. schließen und zunächst für das Bündchen 5 cm im Rippenmuster (2 M. re., 2 M. li. im Wechsel) stricken. Dann mit Nadel Nr. 4 im Grundmuster weiterarbeiten, und zwar abwechselnd 16 Rd. in Blau, 16 Rd. in Rot. Es werden 3 Streifen eingestrickt, jeder in einem anderen Blauton (für Gr. 152 noch einen weiteren Streifen im gewohnten Abstand in einem beliebigen Blau arbeiten). Das Teil in Rot beenden. Dabei für die Weite in der 1. Rd. M. zunehmen, d. h. 12mal nach jeder 15. M. (16mal nach jeder 12. M.) aus dem Querfaden der Vorrd. 1 M. re. verschr. herausstricken. In 29 cm (34 cm) Gesamth. die Arbeit in Rücken- und Vorderteil teilen, also 96 M. (106 M.) auf einer Hilfsnadel stillegen, mit den übrigen M. in Hin- und Rückr. zunächst das Rückenteil weiter gerade hochstricken. In 47 cm (54 cm) Gesamth. die M. abketten. Nun das Vorderteil bis 40 cm (47 cm) Gesamth. gerade hochstricken. Dann für den vord. Halsausschnitt die mittl. 16 M. (18 M.) abketten und zunächst eine Schulter beenden. Dabei weiter in jeder 2. R. 1mal 3 M., 2mal (3mal) 2 M. und 4mal 1 M., in 47 cm (54 cm) Gesamth. die übrigen 29 M. (31 M.) abketten. Die zweite Schulter gegengleich beenden.

Ärmel: 44 M. (48 M.) mit Nadel Nr. 3,5 in Rot anschlagen und in Hin- und Rückr. zunächst für das Bündchen 5 cm im Rippenmuster stricken. Dann mit Nadel Nr. 4 im Grundmuster in der gewohnten Streifenfolge (der 1. blaue Streifen entfällt, d. h. es wird mit Rot begonnen) weiterarbeiten. Dabei für die Weite in der 1. R. M. zunehmen, d. h. 10mal nach jeder 4. M. (abwechselnd nach jeder 4. und 5. M.) aus dem Querfaden der Vorr. 1 M. re. verschr. herausstricken. Anschließend insgesamt 16mal (19mal) in jeder 6. R. beidseitig je 1 M. zunehmen. In 36 cm (40 cm) Gesamth. die M. abketten. Den zweiten Ärmel genauso stricken.

Ausarbeitung: Die Teile von links schnittgemäß spannen und vorsichtig dämpfen. Die Schulter- und Ärmelnähte schließen, die Ärmel einnähen. Für die Blende aus dem Halsausschnitt 100 M. (108 M.) mit Nadel Nr. 3,5 in Rot herausstricken und in Runden 2 cm im Rippenmuster arbeiten, die Maschen abketten.

Vorderteil- und Rückenteil-Hälfte

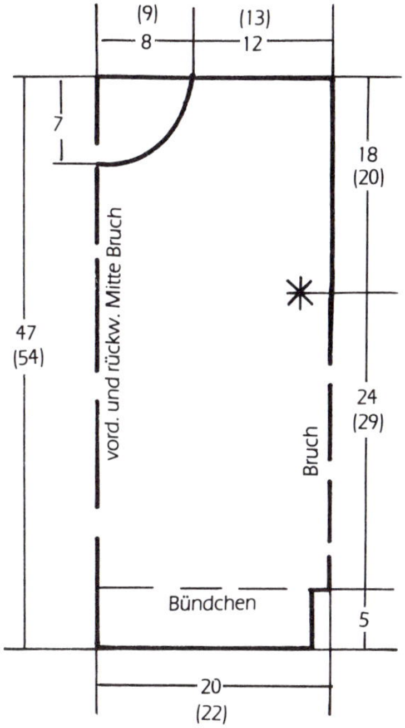

Ärmel-Hälfte

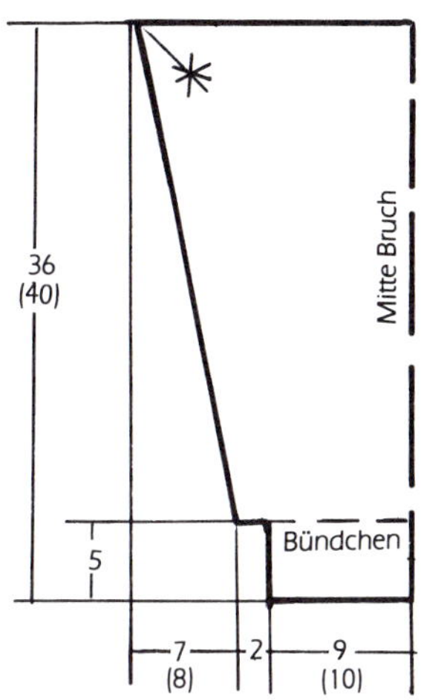

Wichtig: Die Schnittschemen sind hier nicht auf Rasterpapier gezeichnet. Alle Maße stehen am Rand und können leicht auf einen originalgroßen Papierschnitt übertragen werden. Ganz geübte Strickerinnen richten sich oft auch gleich nach der Zeichnung.

37
Ringelpulli

37 Ringelpulli in Größe 128 und 152

Dieser schlichte Pullover steht Mädchen und Jungen und paßt zu vielen Röcken und Hosen. Er läßt sich ganz einfach stricken, weil es immer glatt rechts vorangeht. Die Ringel können Sie wie hier gleichmäßig verteilen oder bunt mischen und dabei jede Menge Wollreste verwerten. Lustig sieht es aus, wenn die Bündchen unterschiedliche Farben haben.

ANLEITUNG:
Alle Angaben für Größe 152 stehen, sofern sie abweichen, in Klammern.
Material: 500 g feine Wolle (Lauflänge 200 m/ 50 g), d. h. je 100 g in Rot, Lila, Pink, Curry und Petrol sowie 1 Rundstricknadel Nr. 2,5.
Grundmuster: glatt re. (Hinr. re., Rückr. li., in Rd. nur re.).
Farbfolge: * je 3 R. bzw. Rd. in Rot, Lila, Pink, Curry und Petrol, ab * stets wiederholen.
Maschenprobe: 28 M. in der Breite und 39 R. in der Höhe ergeben 10 cm im Quadrat.
Rücken- und Vorderteil werden bis zu den Armausschnitten in einem Stück in Rd. gestrickt. Dafür 220 M. (244 M.) in Petrol anschlagen, zur Rd. schließen und zunächst für das Bündchen 6 cm im Rippenmuster (2 M. re., 2 M. li. im Wechsel) stricken. Dann im Grundmuster in der angegebenen Farbfolge weiterarbeiten. Dabei für die Weite in der 1. Rd. M. zunehmen, d. h. 20mal nach jeder 11. M. (12. M.) aus dem Querfaden der Vorrd. 1 M. re. verschr. herausstricken. In 36 cm (40 cm) Gesamth. die Arbeit in Rücken- und Vorderteil teilen, d. h. 120 M. (132 M.) auf einer Hilfsnadel stillegen. Mit den übrigen 120 M. (132 M.) in Hin- und Rückr. zunächst das Rückenteil beenden. Dabei für die Armausschnitte sofort beidseitig je 8 M. abketten, gerade hochstricken. In 54 cm (60 cm) Gesamth. die übrigen M. abketten. Nun das Vorderteil in gleich vielen R. beenden. Für die Armausschnitte ebenfalls beidseitig je 8 M. abketten, gerade weiterstricken. In 46,5 cm (52,5 cm) Gesamth. für den vord. Halsausschnitt die mittl. 12 M. (16 M.) abketten und zunächst eine Schulter beenden. Dabei weiter in jeder 2. R. 1mal 4 M., 1mal 3 M., 2mal 2 M. und 3mal (4mal) 1 M., in 54 cm (60 cm) Gesamth. die übrigen 32 M. (35 M.) abketten. Die zweite Schulter gegengleich beenden.

→

Tip: Für diesen Pulli lassen sich gut Reste verwenden. Hauptsache, die Garnstärken passen zusammen! (Dünne Garne können Sie auch doppelt nehmen.) Wenn Sie Garne mit unterschiedlichen Strukturen mischen, ergeben sich interessante Effekte. Abweichende Farben gleichen sich an, wenn Sie alle Wollreste mit einem dünnen Beilauffaden in einer Farbe (zum Beispiel Marineblau, Braun oder Grau) verstrikken. Achtung! Machen Sie auf jeden Fall vor dem Stricken eine Maschenprobe.

Ärmel: 50 M. (56 M.) in Pink anschlagen und in Hin- und Rückr. zunächst für das Bündchen 6 cm im Rippenmuster stricken. Dann im Grundmuster weiterarbeiten. Hier jedoch mit einem curryfarb. Streifen beginnen und in der gewohnten Farbfolge fortfahren. Dabei für die Weite in der 1. R. M. zunehmen, d. h. 12mal nach jeder 4. M. (abwechselnd nach jeder 4. und 5. M.) aus dem Querfaden der Vorr. 1 M. re. verschr. herausstricken. Anschließend 20mal (22mal) in jeder 6. R. beidseitig je 1 M. zunehmen. In 41 cm (45 cm) Gesamth. die M. abketten. Den zweiten Ärmel genauso stricken.

Ausarbeitung: Die Teile von links schnittgemäß spannen und vorsichtig dämpfen. Die Schulternähte und die Ärmelnähte bis ✱ schließen. Die Ärmel ✱ an ✱ einnähen. Für die Blende aus dem Halsausschnitt 96 M. (108 M.) in Lila herausstricken und in Rd. 2 cm im Rippenmuster arbeiten, die M. abketten.

Vorderteil- und Rückenteil-Hälfte

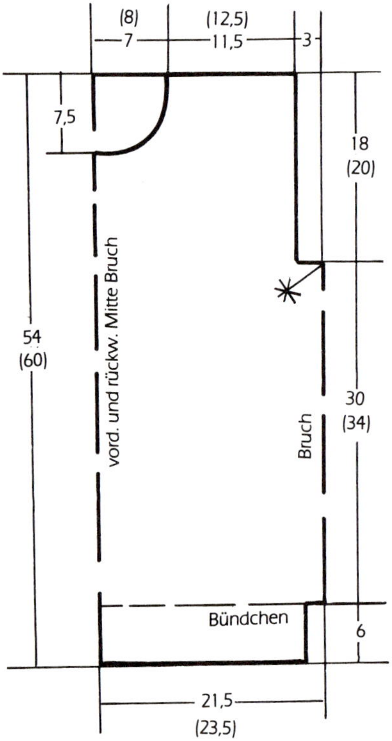

Ärmel-Hälfte

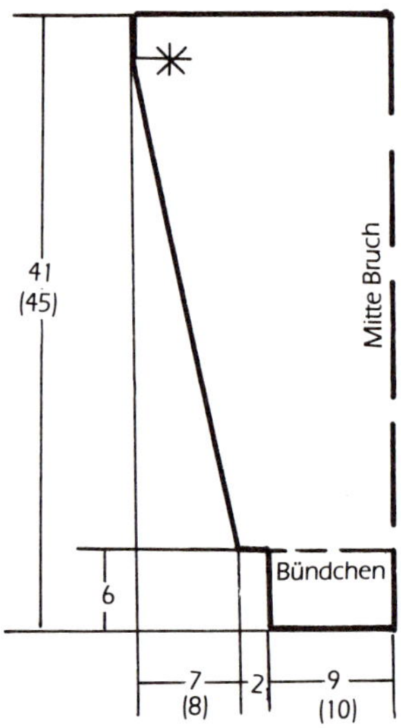

38 Norwegerpulli mit Sternen in Größe 140

Schmale Ringel rahmen die zünftigen Norwegersterne ein. Der farbenfrohe Pullover wird bis zu den Armausschnitten auf der Rundnadel gestrickt. Dadurch kann man ein großes Stück immer nur rechte Maschen stricken und kommt schnell voran. Das Muster sieht auch in anderen Farben schön aus. Ganz klassisch: Natur- und Brauntöne (Foto auf Seite 107).

ANLEITUNG:

Material: 500 g feine Wolle (Lauflänge 210 m/50 g) d. h. 250 g in Blau, 100 g in Türkis, je 50 g in Curry, Zyklam, Grau und ein Rest Hellrot sowie 1 Rundstricknadel Nr. 3.

Grundmuster: glatt re. (Hinr. re., Rückr. li., in Runden nur re.), Norwegermuster s. Schemazeichnung, Maschenzahl teilbar durch 19.

Maschenprobe: 27 M. in der Breite und 34 R. in der Höhe ergeben 10 cm im Quadrat.

Rücken- und Vorderteil werden bis zu den Armausschnitten in einem Stück in Runden gestrickt. Dafür 228 M. in Blau anschlagen, zur Rd. schließen und zunächst für das Bündchen 6 cm im Rippenmuster (2 M. re., 2 M. li. im Wechsel) stricken. Dann weiter im Norwegermuster nach der Schemazeichnung arbeiten, dabei den Rapport in Breite und Höhe fortlfd. wiederholen. In 32 cm Gesamth. die Arbeit für Vorder- und Rückenteil in zwei gleiche Hälften teilen, d. h. die ersten 114 M. auf einer Hilfsnadel stillegen, mit den übrigen 114 M. in Hin- und Rückr. zunächst das Rückenteil weiter gerade hochstricken. In 50 cm Gesamth. (der Rapport wurde in der Höhe 4mal vollständig und 1mal bis zur 9. R. ausgeführt) die M. stillegen. Nun das Vorderteil in gleich vielen R. beenden. Dabei in 43 cm Gesamth. für den vord. Halsausschnitt die mittl. 18 M. abketten und zunächst eine Schulter beenden. Hierbei weiter in jeder 2. R. 1mal 3 M., 3mal 2 M. und 4mal 1 M. abketten, in 50 cm Gesamth. die übrigen 35 M. stillegen. Die zweite Schulter gegengleich arbeiten.

Ärmel: 52 M. in Blau anschlagen und in Hin- und Rückr. für das Bündchen 6 cm im Rippenmuster stricken. Dann weiter im Grundmuster das Norwegermuster nach der

Schema

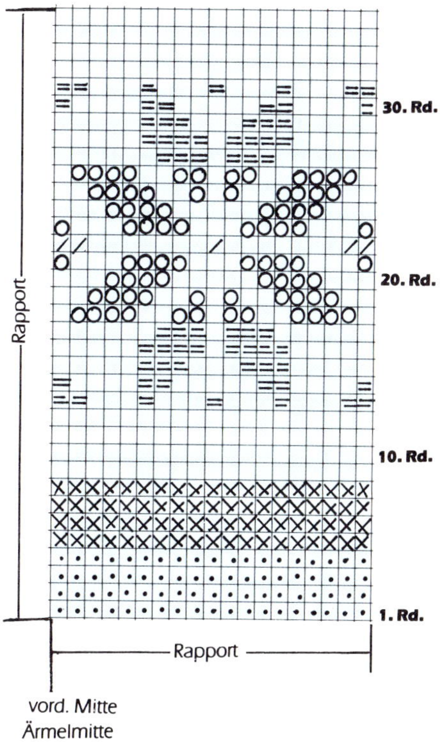

Zeichenerklärung
- ☐ = Blau
- = = Türkis
- O = Grau
- / = Rot
- X = Zyklam
- • = Curry

Schemazeichnung arbeiten (hier das Muster von der Mitte aus einrichten), dabei für die Weite in der 1. R. 8mal nach jeder 6. M. aus dem Querfaden der Vorr. 1 M. re. verschr. herausstricken und weiter 18mal in jeder folg. 6. R. beidseitig je 1 M. zunehmen. In 40 cm Gesamth. (der Rapport wurde in der Höhe 3mal vollständig und 1mal bis zur 11. R. ausgeführt) die M. abketten. Den zweiten Ärmel genauso stricken.

Ausarbeitung: Die Teile von links schnittgemäß spannen und vorsichtig dämpfen. Die Schulternähte über je 35 M. in Blau im Maschenstich schließen. Die Ärmelnähte schließen, die Ärmel einnähen. Für die Blende zu den stillgelegten 44 M. des rückw. Halsausschnittes am vord. Halsausschnitt noch 64 M. in Blau herausstricken und in Rd. 2 cm im Rippenmuster arbeiten, die M. locker abketten.

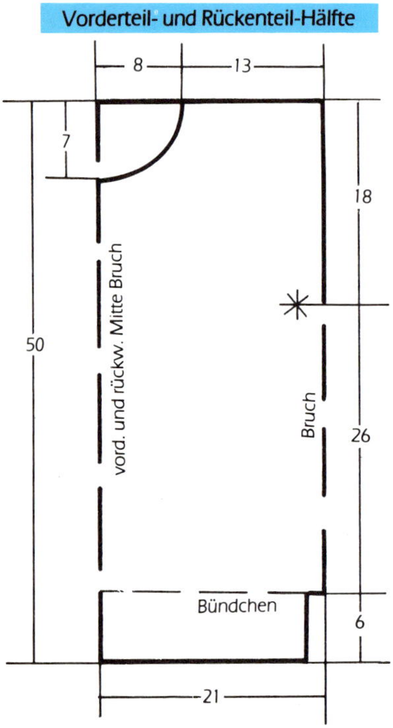

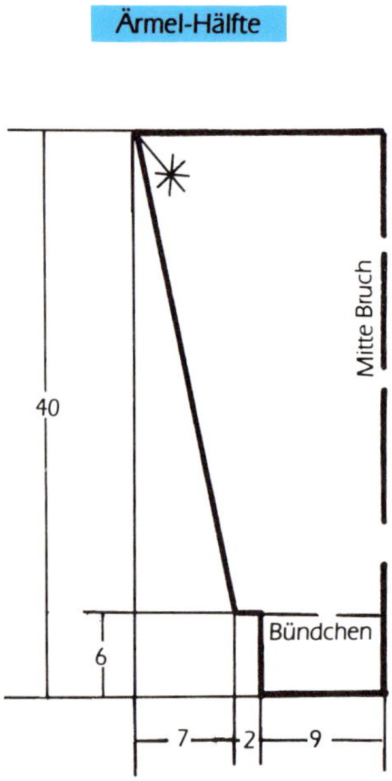

38
Norwegerpulli mit Sternen

39
Norwegerpulli mit Blümchen

40
Norwegerpulli mit Rundpasse

39 Norwegerpulli mit Blümchen in Größe 116

Die eckige Passe, die Bordüre über dem Rippenbündchen und die kleinen weißen Punkte werden im Norwegermuster gestrickt. Der Pullover hat Raglanärmel und wächst lange mit. Das Strickmuster paßt zu Hosen und Röcken und sieht auch in anderen Farben gut aus. Die Stickblümchen auf den weißen Feldern der Passe werden später aufgestickt und eignen sich auch als Schmuck für andere schlichte Stricksachen.

ANLEITUNG:

Material: 250 g feine Shetlandwolle (Lauflänge 220 m/50 g), d. h. 150 g in Rot, je 50 g in Weiß und Grün, Reste in Rosa und Grau sowie 1 Rundstricknadel Nr. 3.

Grundmuster: glatt re. (Hinr. re., Rückr. li., in Rd. nur re.), Muster s. Schema I und II. Die Blümchen werden wie gezeichnet auf die Passe gestickt.

Maschenprobe: 27 M. in der Breite und 27 R. in der Höhe ergeben 10 cm im Quadrat.

Rückenteil: 108 M. in Rot anschlagen und in Hin- und Rückr. zunächst für das Bündchen 5 cm im Rippenmuster (2 M. re., 2 M. li. im Wechsel) stricken. Dann weiter im Grundmuster nach Schema I arbeiten. In der Breite wird der Rapport 9mal ausgeführt. In der Höhe strickt man 1mal von der 1.–23. R. und wiederholt dann stets die 14.–23. R. In 29 cm Gesamth. die 1. M. abketten, damit später das Passenmuster aufgeht. Die übrigen M. stilllegen.

Das **Vorderteil** genausoweit stricken.

Ärmel: 44 M. in Rot anschlagen und in Hin- und Rückr. zunächst für das Bündchen 6 cm im Rippenmuster stricken. Dann weiter im Grundmuster nach Schema I arbeiten. Das Muster von der Ärmelmitte aus einrichten. Gleichzeitig für die Weite in der 1. R. 10 M. zunehmen, also nach jeder 4. M. aus dem Querfaden der Vorr. 1 M. re. verschr. herausstricken. Anschließend insgesamt 14mal abwechselnd in jeder 4. und 6. R. beidseitig je 1 M. zunehmen. In 35 cm Gesamth. jede 10. und 11. M. zus.stricken, damit später das Passenmuster aufgeht. Es sind noch 75 M. auf der Nadel. Dieses Teil stillegen und den zweiten Ärmel genausoweit stricken. Nun alle Teile in der entspr. Reihenfolge gemeinsam auf die Nadel nehmen und den Pullover in Rd. beenden. Dabei sofort mit der Passe beginnen. Schema II zeigt ein Viertel der Passe, d. h. es muß von der vord. und rückw. Mitte aus gegengleich gearbeitet werden. Gleichzeitig in jeder Rd. an den 4 Raglanschrägungen je 2 M. abnehmen. Dafür stets bei allen 4 Teilen die ersten 2 M. re. zus.strikken, die vorletzte M. abheben, die letzte M. re. und die abgehobene M. darüberziehen. Nach Beenden des Passenmusters für den vord. Halsausschnitt die mittl. 21 M. abketten und in Hin- und Rückr. in Rot weiterarbeiten. Dabei weiter beidseitig in jeder 2. R. 1mal 3 M., 3mal 2 M., 1mal 5 M., dann die restlichen M. abketten. Gleichzeitig an den rückw. Raglanlinien in den Hinr. weiter wie gewohnt M. abnehmen.

Ausarbeitung: Den Pullover von links schnittgemäß spannen und vorsichtig dämpfen. Die Seiten- und Ärmelnähte schließen. Für die Blende aus dem Halsausschnitt 92 M. in Rot herausstricken und in Rd. 4 cm im Rippenmuster arbeiten, dann die M. abketten. Die Blende zur Hälfte nach außen umlegen und den Rand unsichtbar festnähen. Auf die weißen Flächen der Passe die Blümchen in Rot, Rosa und Grau wie gezeichnet aufsticken, den Stengel im Stielstich, Blatt und Blütenblätter im Schlingstich, das Blüteninnere im Knötchenstich.

Das Stickblümchen in Originalgröße

Schema II

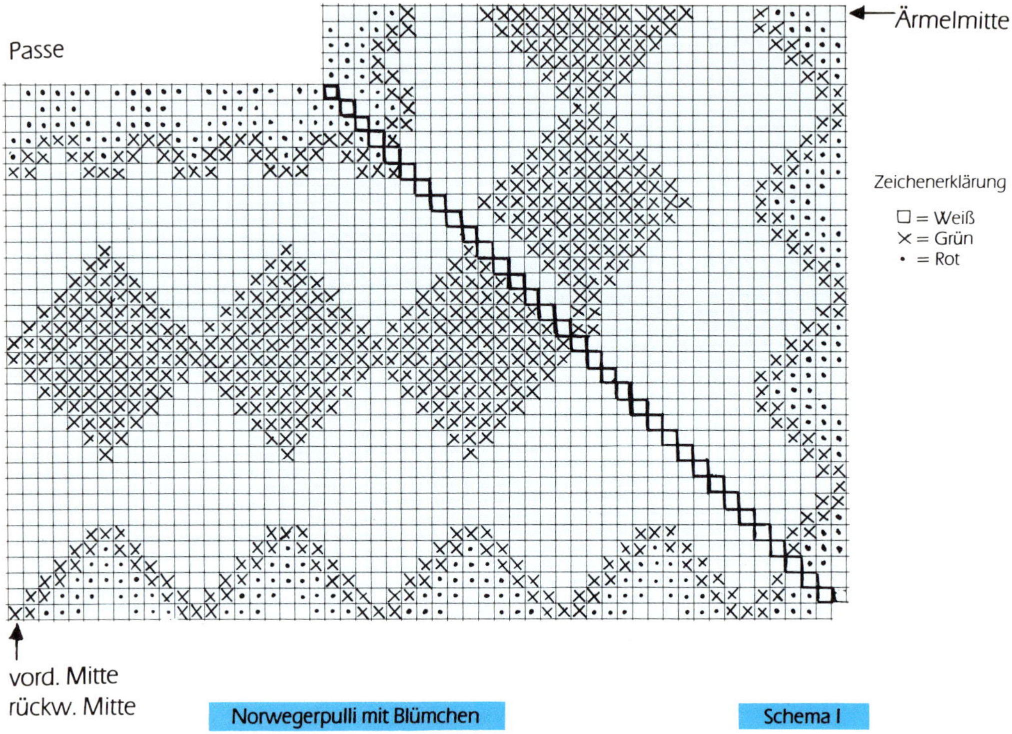

Norwegerpulli mit Blümchen

Vorderteil- und Rückenteil-Hälfte mit Ärmel

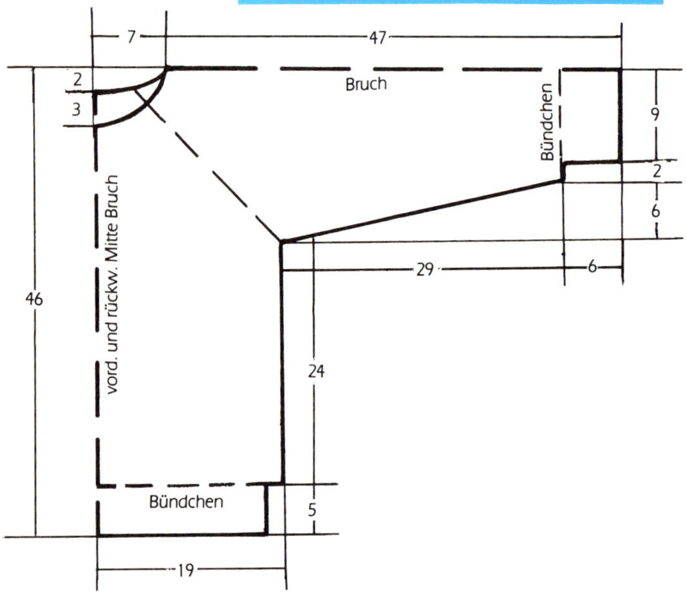

Schema I

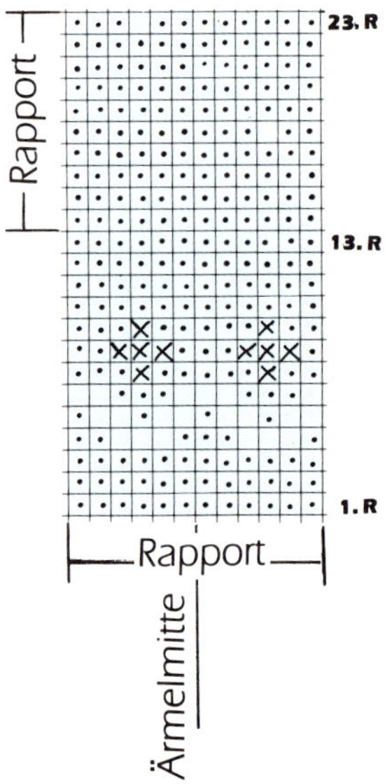

40 Norwegerpulli mit Rundpasse in Größe 140

Hier endet das Norwegermuster als runde Passe, rundherum geschmückt mit tanzenden Jungen und Mädchen. Die Abnahmen für die Passenform sind im Muster eingearbeitet, deshalb muß man beim Stricken etwas aufpassen. Trotzdem wird der Pulli schnell fertig, denn alles wird auf der Rundnadel gestrickt.

ANLEITUNG:

Material: 450 g feine Shetlandwolle (Lauflänge 215 m/50 g), d. h. 250 g in Blau und je 50 g in Grün, Rot, Rosa und Lila sowie je 1 Rundstricknadel Nr. 2,5 und Nr. 3.

Grundmuster: glatt re. (Hinr. re., Rückr. li., in Rd. nur re.), Muster s. Schema, Maschenzahl teilbar durch 12.

Maschenprobe: 26 M. in der Breite und 26 R. in der Höhe ergeben 10 cm im Quadrat.

Rücken- und Vorderteil werden bis zu den Armausschnitten in einem Stück in Rd. gestrickt. Dafür 216 M. mit Nadel Nr. 2,5 in Blau anschlagen, zur Rd. schließen und zunächst für das Bündchen 6 cm im Rippenmuster (2 M. re., 2 M. li. im Wechsel) stricken. Dann weiter mit Nadel Nr. 3 das Muster nach Schema I arbeiten. Dabei den Rapport in der Breite und Höhe stets wiederholen. In 28 cm Gesamth. nur in Blau mit verkürzten R. weiterarbeiten. Verkürzte R. strickt man, um vor Beginn der Passe ein höheres Rückenteil zu erhalten (s. Schnittschema, höherer rückw. Halsausschnitt). Die Passe kann dann rundherum gleich hoch gestrickt werden, und das Muster wird nicht zerstört. Es wird wie folgt gearbeitet: 38 M. in der vord. Mitte auf einer Hilfsnadel stillegen. Mit den übrigen M. insgesamt 4 Hin- und Rückr. jeweils am Ende um 15 M. verkürzt stricken, also die 1. R. stricken, dabei am Ende 15 M. ungestrickt auf der linken Nadel lassen, wenden, zurückstricken, am Ende 15 M. ungestrickt lassen, wenden, zurückstricken, insgesamt 30 M. ungestrickt lassen, wenden, zurückstricken, insgesamt 30 M. ungestrickt lassen. Damit an den Wendestellen keine Löcher entstehen, wird nach jedem Wenden vor dem Zurückstricken 1 Umschlag auf die Nadel genommen. Wenn später über diese Stelle hinweggearbeitet wird, strickt man den Umschl. mit der folg. M. re. zusammen. Nun für die Armausschnitte beidseitig je 10 M. abketten. Dafür nochmals wenden, 10 M. abketten, 98 M. stricken (diese bilden das Rückenteil) und nochmals 10 M. abketten. Dieses Teil stilllegen und mit einem **Ärmel** beginnen. Dafür 48 M. mit Nadel Nr. 2,5 in Blau anschlagen und in Hin- und Rückr. zunächst für das Bündchen 6 cm im Rippenmuster stricken. Dann weiter mit Nadel Nr. 3 im Grundmuster das Muster nach Schema I ausführen. Das Muster von der Ärmelmitte aus einrichten. Gleichzeitig für die Weite in der 1. R. 10 M. zunehmen, d. h. abwechselnd nach jeder 4. und 5. M. aus dem Querfaden der Vorr. 1 M. re. verschr. herausstricken. Anschließend 20mal in jeder 4. R. beidseitig je 1 M. zunehmen. In 40 cm Gesamth. beidseitig je 5 M. abketten. Die übrigen 88 M. stilllegen und den zweiten Ärmel genausoweit

→

stricken. Dann die Ärmel beidseitig zu den M. des Rückenteils mit auf die Nadel nehmen (die M. für das Vorderteil weiter stillegen) und nur in Blau insgesamt 6 Hin- und Rückr. jeweils um 15 M. verkürzt stricken, also im Prinzip arbeiten wie vordem beschrieben. Dabei in jeder Hinr. an den beiden rückw. Raglanlinien M. wie folgt abnehmen: jeweils die äußere M. vom Rückenteil und vom Ärmel re. zus.stricken. Es werden insgesamt 6 M. abgenommen. Nun die M. des Vorderteiles mit auf die Nadel nehmen und 1 Rd. über alle 366 M. stricken. Dann, beginnend in der rückw. Mitte, die Passe nach Schema II arbeiten. Den Rapport in der Rd. stets wiederholen, in der Höhe ist die gesamte Passe gezeichnet. Dabei für die Passenform folg. M. re. zusammenstricken: in der 14. Rd. jede 9. und 10. M. (bleiben 330 M.), in der 16. Rd. 10mal jede 5. und 6. M., 30mal jede 6. und 7. M. und noch 10mal jede 5. und 6. M. (bleiben 280 M.). In der 17. Rd. das Muster von der vord. Mitte aus einrichten (s. Schema). Dann weiter in der 31. Rd. jede 13. und 14. M., in der 34. Rd. jede 12. und 13. M. (bleiben 240 M.), in der 36. Rd. jede 3. und 4. M., in der 43. Rd. jede 2. und 3. M. re. zus.stricken. Nach Beenden der Passe für die Blende in Blau im Rippenmuster weiterarbeiten. Dabei in der 1. Rd. jede 5. und 6. M. zus.stricken (bleiben 100 M.). In 2,5 cm Blendenh. die M. abketten.

Ausarbeitung: Den Pullover von links schnittgemäß spannen und vorsichtig dämpfen. Die Ärmel- und Armausschnittnähte schließen. Evtl. bei den verkürzt gestrickten R. einige Muster (Schema I) in Rosa im Maschenstich aufsticken.

Norwegerpulli mit Rundpasse

Vorderteil- und Rückenteil-Hälfte mit Ärmel

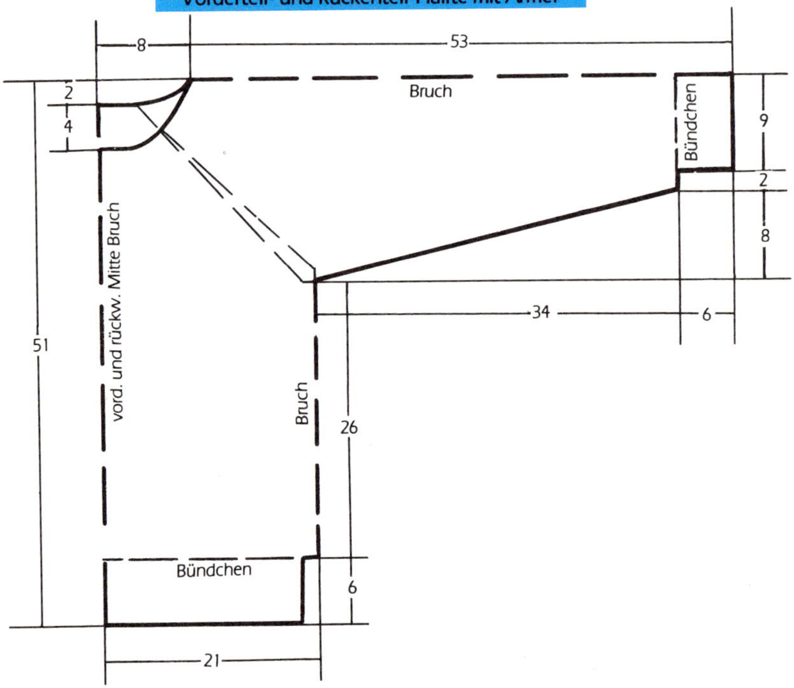

Schema II

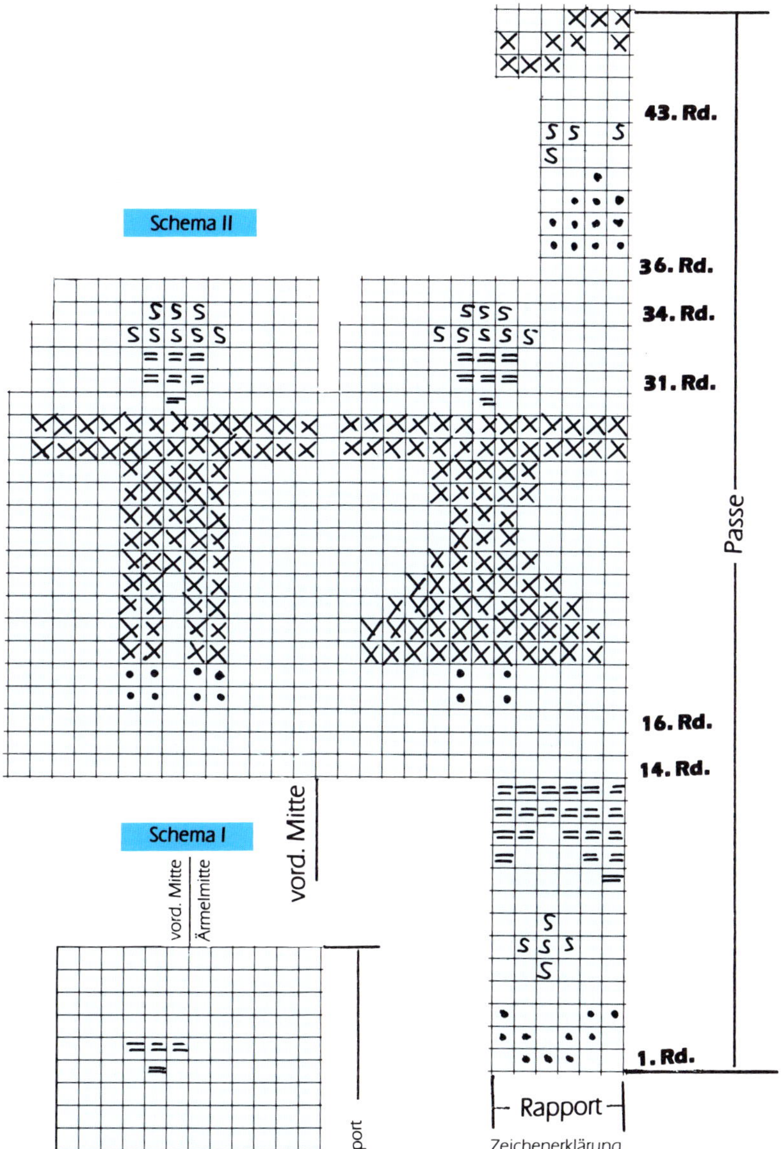

Schema I

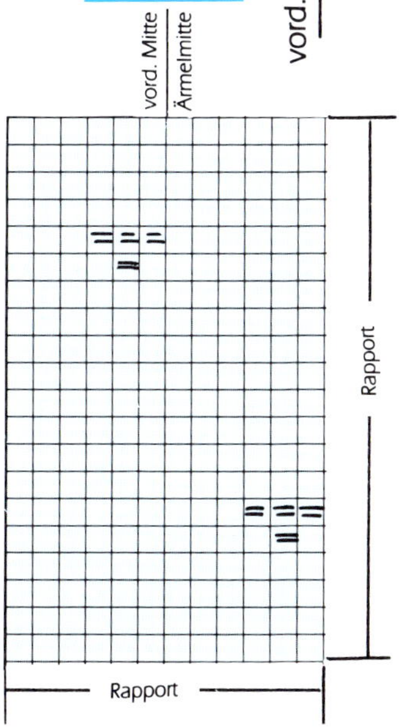

Zeichenerklärung
□ = Blau
X = Lila
• = Grün
= = Rosa
S = Rot

41
Pullover
mit Kaninchen

42
Pullover
mit Kamelen

41 Pullover mit Kaninchen in Größe 128 und 152

Ein weißes Kaninchen mit Flügeln schwebt vorn über diesen Pullover. Er wird in Flächenaufteilung gestrickt, d. h. Sie müssen mit mehreren Knäulen gleichzeitig arbeiten, um die verschiedenfarbigen Strickflächen aneinanderzureihen. Nur ein paar Kleinigkeiten – wie Sonnenstrahlen oder Gesicht – werden aufgestickt, alles andere ist gestrickt! Dabei helfen Ihnen die Schemazeichnungen und die Tips für Flächenaufteilungen auf Seite 144. Dieser Pullover ist aus Baumwolle, Sie können ihn aber auch aus glatter Shetland- oder Sportwolle stricken. (Maschenprobe beachten!)

ANLEITUNG:

Alle Angaben für Größe 152 stehen, sofern sie abweichen, in Klammern.

Material: 750 g (900 g) Baumwollgarn (Lauflänge 87 m/50 g), d. h. 300 g (350 g) in Hellblau, 200 g (250 g) in Grün, 100 g (150 g) in Lindgrün, je 50 g in Rosa, Weiß und Gelb und je einen Rest in passender Qualität in Zyklam, Blau, Grau und Rot sowie 1 Rundstricknadel Nr. 3 und Stricknadeln Nr. 3,5.

Grundmuster: glatt re. (Hinr. re., Rückr. li.), Flächenaufteilung s. Schema (1 Kästchen = 1 Masche).

Maschenprobe: 21 M. in der Breite und 33 R. in der Höhe ergeben 10 cm im Quadrat.

Vorderteil: 76 M. (84 M.) mit Nadel Nr. 3 in Grün anschlagen und in Hin- und Rückr. zunächst für das Bündchen 5 cm im Rippenmuster (2 M. re., 2 M. li. im Wechsel) stricken. Dann mit Nadeln Nr. 3,5 im Grundmuster weiterarbeiten. Dabei für die Weite in der 1. R. 8 M. zunehmen, d. h. nach jeder 9. M. (10. M.) aus dem Querfaden der Vorr. 1 M. re. verschr. herausstricken. Die farbliche Flächenaufteilung genau nach dem Schema ausführen. Es wird fast ständig mit mehreren Knäulen gleichzeitig gearbeitet. Bei jedem Farbwechsel in einer R. müssen die beiden Fäden auf der Rückseite miteinander verkreuzt werden, damit eine feste Verbindung entsteht. In 43 cm (48 cm) Gesamth. für den vord. Halsausschnitt die mittl. 12 M. abketten und zunächst eine Schulter beenden. Dabei weiter in jeder 2. R. 1mal 3. M., 2mal 2 M. und 3mal 1 M., in 48 cm (54 cm) Gesamth. die übrigen 26 M. (30 M.) abketten (s. auch Schema). Die zweite Schulter gegengleich beenden.

Das **Rückenteil** im Prinzip wie das Vorderteil stricken, jedoch die Farbflächen gegengleich arbeiten. Das Kaninchen wird hier nicht eingestrickt, statt dessen noch 2 Wolken nach Belieben anordnen. Der Halsausschnitt entfällt ebenfalls, d. h. gerade hocharbeiten und nach Beenden des Schemas alle M. abketten.

Die **Ärmel** werden angestrickt. Dafür zunächst die Schulternähte schließen. Dann für den rechten Ärmel aus der Kante von Rückenteil ∗ bis Vorderteil ∗ insgesamt 76 M. (84 M.) mit Nadeln Nr. 3,5 herausstricken, und zwar in den Farben wie im Schema angegeben. Es setzen sich also genau die Farben vom Rücken- und Vorderteil fort. Die Flächenaufteilung nach dem Schema im gewohnten Prinzip vornehmen. Dabei für die abnehmende Weite 15mal (17mal) abwechselnd in jeder 6. und 8. R. beidseitig je 1 M. abketten. In 33 cm (37 cm) Gesamth., also nach Beenden des Schemas, für das Bündchen mit Nadel Nr. 3 in Grün im Rippenmuster weiterstricken. Dabei in der 1. R. jede 5. und 6. M. re. bzw. li. zus.stricken. In 38 cm (42 cm) Gesamth. die M. abketten. Den linken Ärmel im Prinzip genauso arbeiten. Jedoch entfällt hier die gelbe Fläche, also die M. alle in Hellblau herausstricken. Die weitere Flächenaufteilung gegengleich ausführen.

Ausarbeitung: Die Fliege in Blau im Maschenstich aufsticken. Die Mitte und den vord. Flügel in Rot, den Arm in Grau im Steppstich umranden. Die Sonnenstrahlen (s. Foto) in Gelb, den Mund in Zyklam ebenfalls im Steppstich

→

Schema: Pullover mit Kaninchen

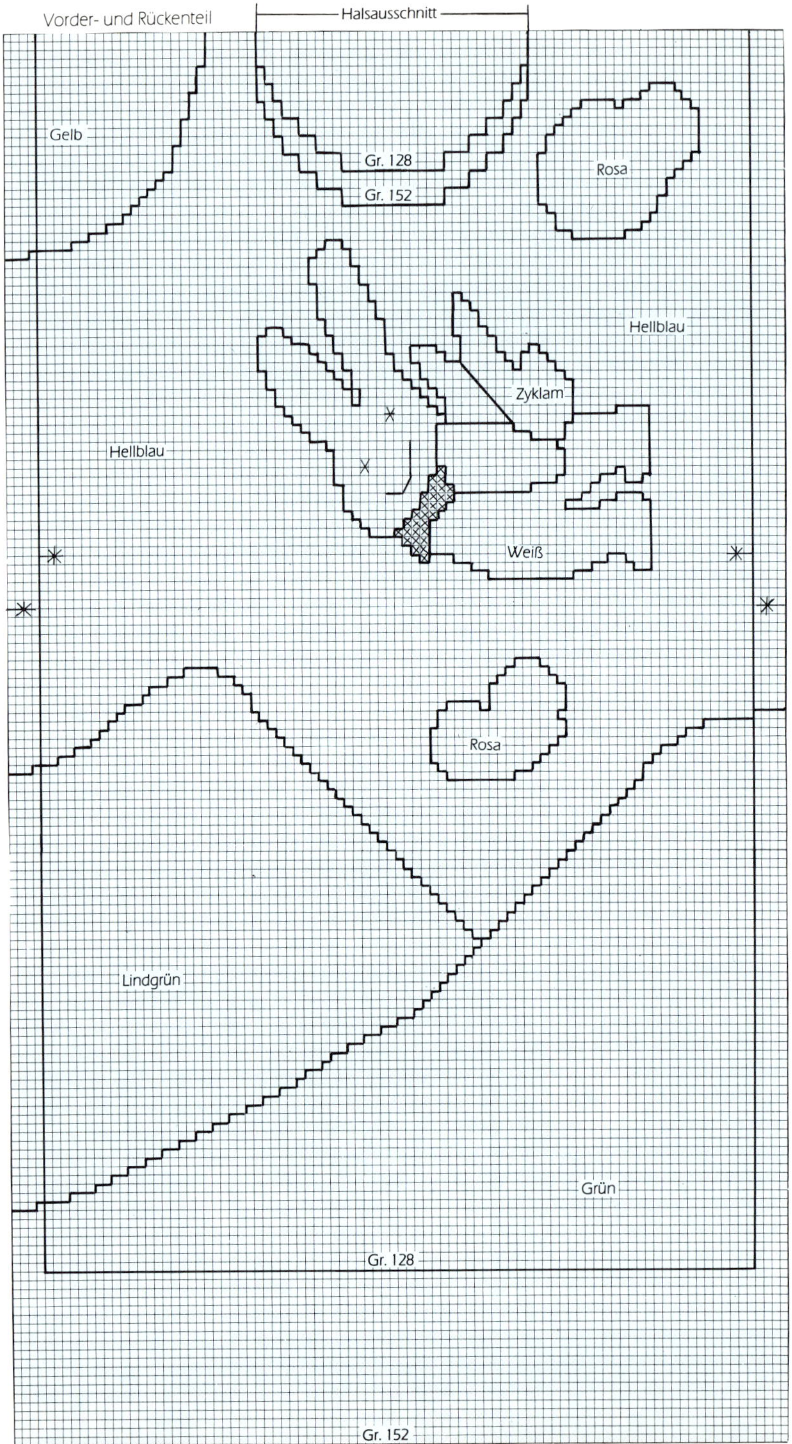

Schema: Ärmel

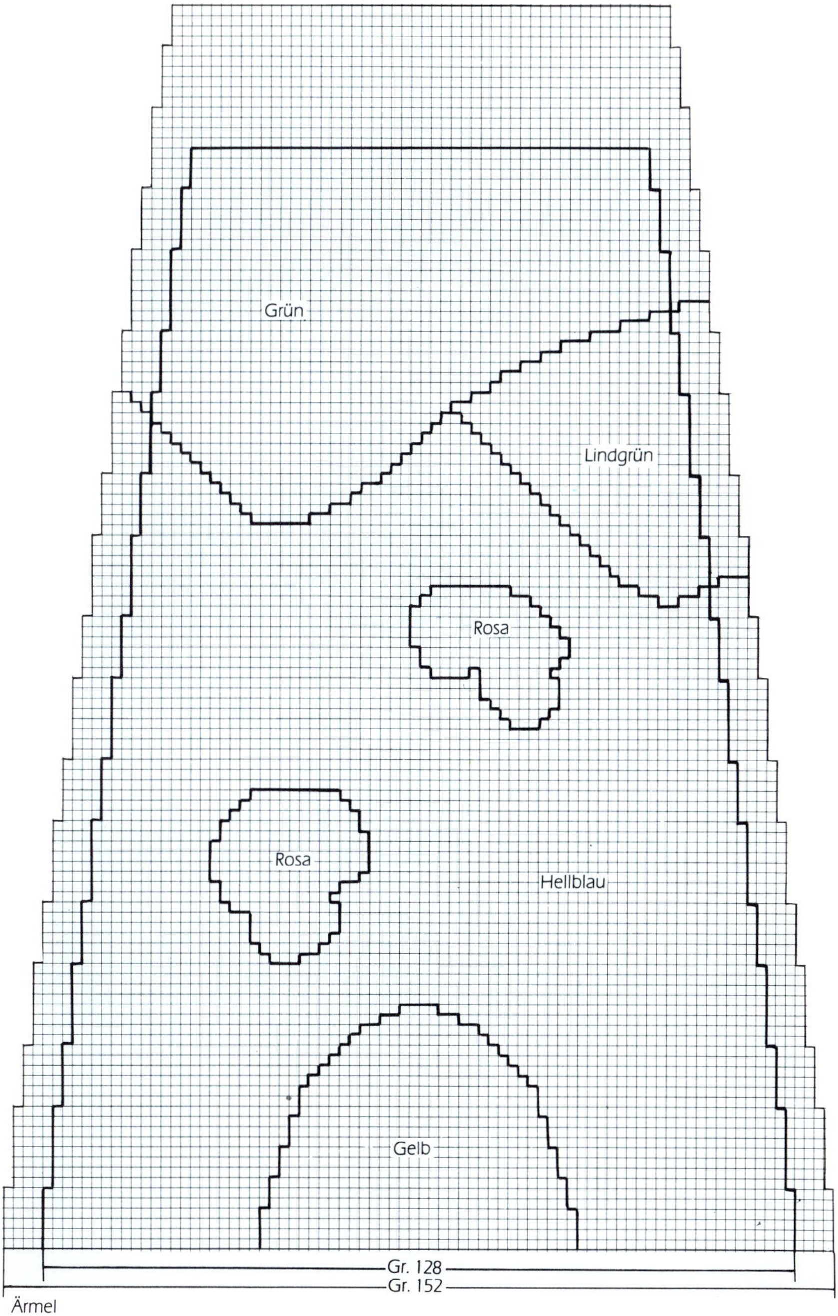

arbeiten. Die Augen in Zyklam sternförmig aufsticken. Die Ärmel- und Seitennähte schließen. Für die Blende aus dem Halsausschnitt 88 M. (92 M.) mit Nadel Nr. 3 in Hellblau herausstricken und in Rd.
2 cm im Rippenmuster arbeiten, die M. abketten.

Pullover mit Kaninchen

Vorderteil- und Rückenteil-Hälfte

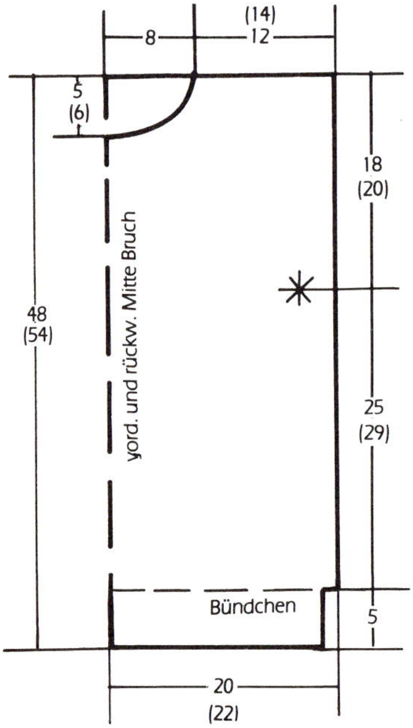

Ärmel-Hälfte

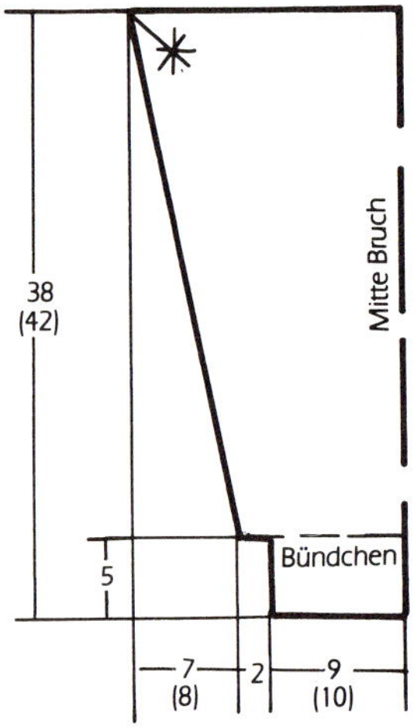

42 Pullover mit Kamelen in Größe 116 und 140

Eine farbig gestrickte Wüstenlandschaft bildet den Hintergrund für die Kamel-Karawane und die blühenden Kakteen. Die großen Flächen lassen sich leicht aneinanderstricken (Tips siehe Seite 144). Die Kakteen und Kamele werden erst später im Maschenstich aufgestickt. Da die Ärmel an den Pullover angestrickt werden, läuft das Muster problemlos weiter. Der Pullover (hier aus Baumwolle) läßt sich für den Winter auch aus warmer Wolle nacharbeiten. Entscheidend ist, daß die Maschenprobe stimmt!

ANLEITUNG:
Alle Angaben für Größe 140 stehen, sofern sie abweichen, in Klammern.
Material: 650 g Baumwollgarn (Lauflänge 82 m/50 g), d. h. je 150 g in Ocker, Khaki und Türkis, 100 g in Beige, je 50 g in Grün und Rost, je einen Rest in passender Qualität in Rot, Rosa, Blau, Zyklam und Lila sowie 1 Rundstricknadel Nr. 3,5 und Stricknadeln Nr. 4.
Grundmuster: glatt re. (Hinr. re., Rückr. li.), Flächenaufteilung s. Schema (1 Kästchen = 1 Masche).
Maschenprobe: 19 M. in der Breite und 26,5 R. in der Höhe ergeben 10 cm im Quadrat.
Rückenteil: 64 M. (76 M.) mit Nadel Nr. 3,5 in Ocker anschlagen und in Hin- und Rückr. zunächst für das Bündchen 5 cm im Rippenmuster (2 M. re., 2 M. li. im Wechsel) stricken. Dann mit Nadeln Nr. 4 im Grundmuster weiterarbeiten. Dabei die farbliche Flächenaufteilung genau nach dem Schema ausführen. Gleichzeitig in der 1. R. für die Weite 4 M. zunehmen, d. h. nach jeder 15. M. (16. M.) aus dem Querfaden der Vorr. 1 M. re. verschr. herausstricken. Es wird fast ständig mit mehreren Knäulen gleichzeitig gearbeitet. Bei jedem Farbwechsel in einer R. müssen die beiden Fäden auf der Rückseite miteinan-

der verschlungen werden, damit eine feste Verbindung entsteht. Nach Beenden des Schemas, das ist in 45 cm (50 cm) Gesamth., die M. abketten.
Das **Vorderteil** bis 40 cm (44 cm) genau wie das Rückenteil stricken. Dann für den vord. Halsausschnitt die mittl. 8 M. (10 M.) abketten und zunächst eine Schulter beenden. Dabei weiter in jeder 2. R. 1mal 3 M. und 3mal 2 M. (und 1mal 1 M.) abketten (s. auch Schema). In 45 cm (50 cm) Gesamth. die übrigen 21 M. (25 M.) abketten. Die zweite Schulter gegengleich beenden.
Die **Ärmel** werden angestrickt. Dafür zunächst die Schulternähte schließen. Dann aus den Kanten jeweils von Vorderteil ∗ bis Rückenteil ∗ insgesamt 60 M. (68 M.) mit Nadeln Nr. 4 herausstricken, und zwar in den Farben wie im Schema angegeben. Es setzen sich also genau die Farben vom Rücken- und Vorderteil fort. Dann im Grundmuster arbeiten und die Flächenaufteilung nach dem Schema im gewohnten Prinzip vornehmen. Dabei für die abnehmende Weite 5mal in jeder 4. R. und noch 8mal in jeder 6. R. (insgesamt 13mal abwechselnd in jeder 6. und 8. R.) beidseitig je 1 M. abketten (s. auch Schema). In 28 cm (35 cm) Gesamth., also nach Beenden des Schemas, für das Bündchen mit Nadel Nr. 3,5 in Ocker im Rippenmuster weiterstricken. Dabei in der 1. R. jede 7. und 8. M. (jede 4. und 5. M.) re. bzw. li. zus.stricken. In 33 cm (40 cm) Gesamth. die M. abketten.
Ausarbeitung: Die Kamele und die Kakteen im Maschenstich aufsticken wie im Schema eingezeichnet. Das Rückenteil wird nicht bestickt. Die Leine zwischen den Kamelen in Lila im Steppstich, einige Kakteenblüten in Rot mit sternförmigen Stichen an beliebiger Stelle aufsticken. Die Ärmel- und Seitennähte schließen. Für die Blende aus dem Halsausschnitt 72 M. (88 M.) mit Nadel Nr. 3,5 in Türkis herausstricken und in Rd. 2 cm im Rippenmuster arbeiten, die M. abketten.

Vorderteil- und Rückenteil-Hälfte

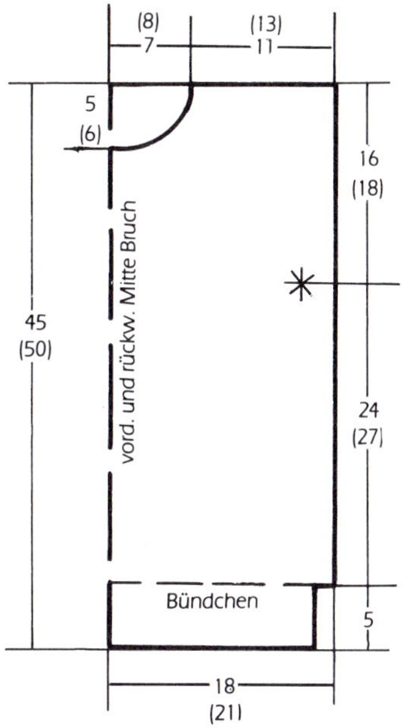

Ärmel-Hälfte

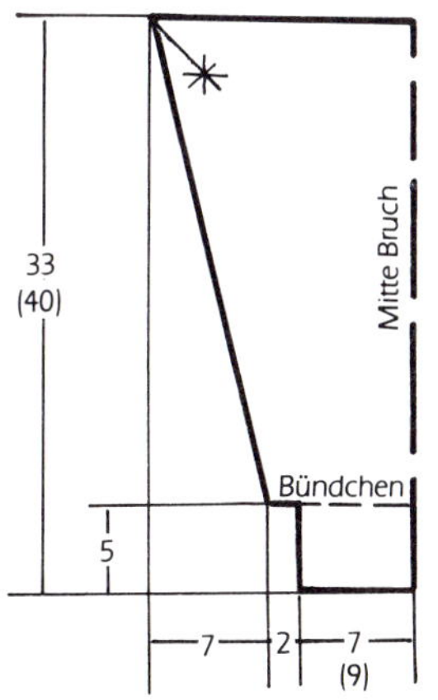

Schema: Pullover mit Kamelen

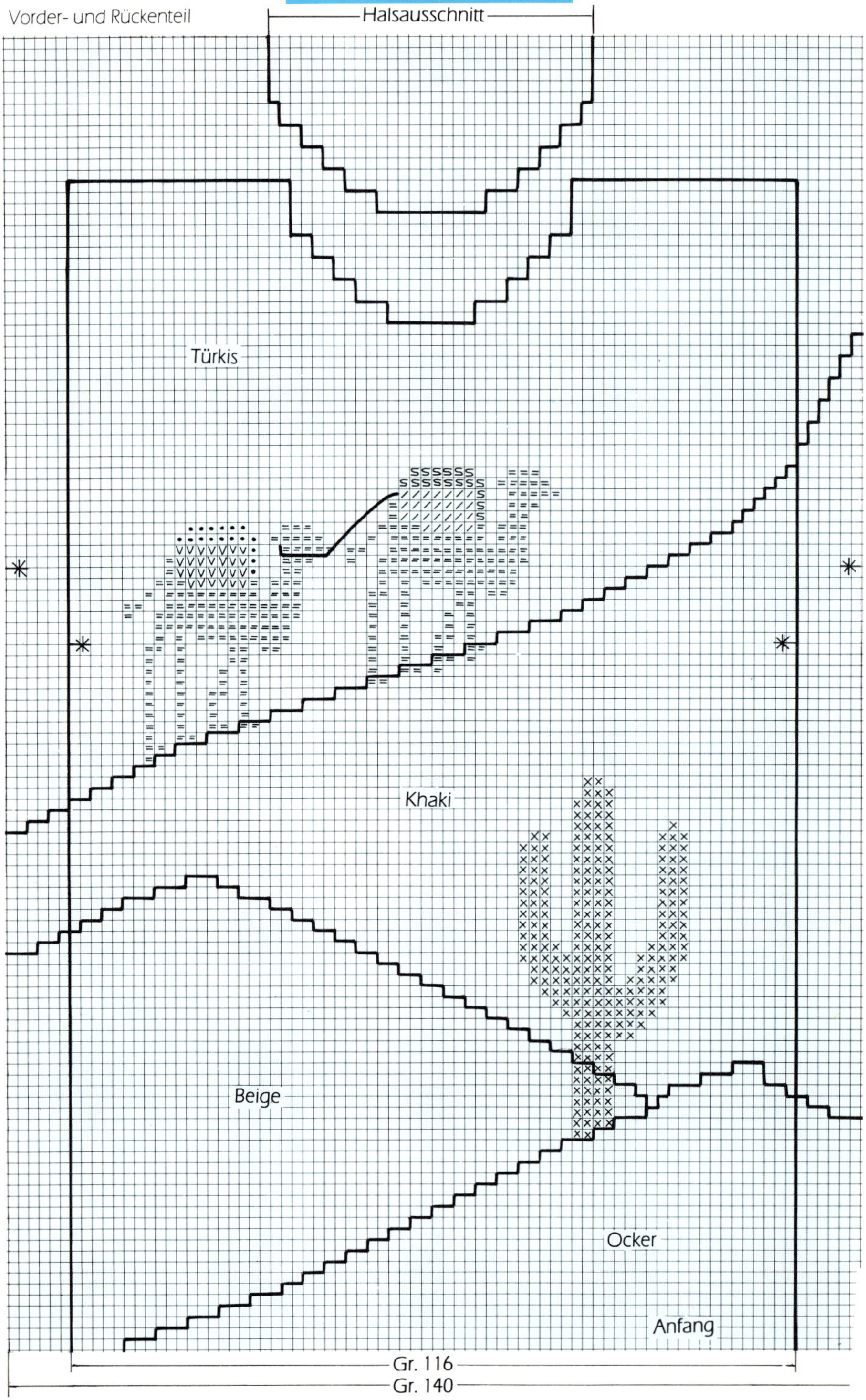

Schema: Ärmel

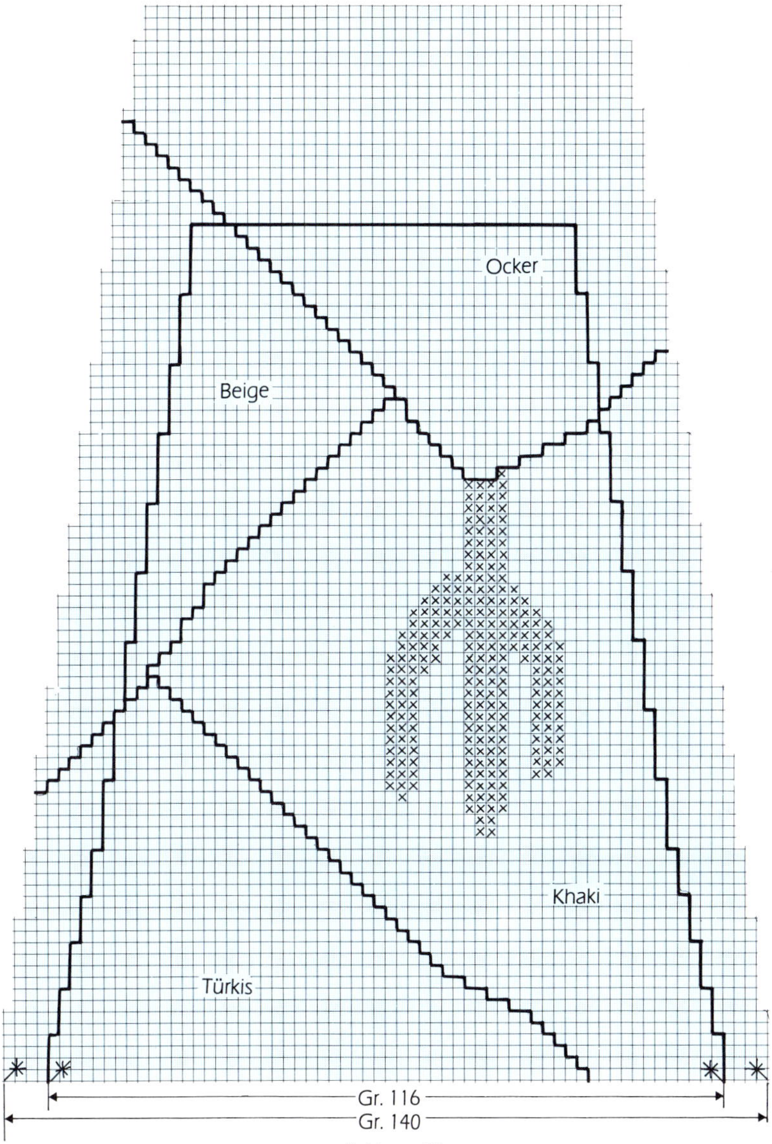

Zeichenerklärung
× = Grün
= = Rost
V = Rosa
• = Blau
/ = Rot
S = Zyklam
□ = 1 Masche

Die Strickanleitung finden Sie auf Seite 118

43
Pullover
mit Schiff

44
Pullover
mit Landschaft

43 Pullover mit Schiff in Größe 116 und 140

Himmel, Wasser, Wolken, Schiff und Möwen beleben diesen fröhlichen Kinderpullover. Das Muster geht rundherum und reicht sogar bis in die Ärmel. Die großen Flächen werden gleich eingestrickt, die feinen Details sind nachträglich im Maschenstich aufgestickt. Zum Stricken eignet sich glatte Wolle oder – für den Sommer – auch Baumwolle. Wichtig ist, daß die Maschenprobe stimmt!

ANLEITUNG:
Alle Angaben für Größe 140 stehen, sofern sie abweichen, in Klammern.
Material: 300 g (350 g) mittelstarke Wolle (Lauflänge 120 m/50 g), d. h. 150 g (200 g) in Graublau und je 50 g in Hellgrün, Lila und Stahlblau; für die Stickerei je einen Rest in Rot, Dunkelgrün, Weiß, Rosa und Weinrot; 1 Rundstricknadel Nr. 3,5 und Stricknadeln Nr. 4.
Grundmuster: glatt re. (Hinr. re., Rückr. li.), Flächenaufteilung s. Schema (1 Kästchen = 1 Masche).
Maschenprobe: 19 M. in der Breite und 23 R. in der Höhe ergeben 10 cm im Quadrat.
Vorderteil: 70 M. (80 M.) mit Nadel Nr. 3,5 in Stahlblau anschlagen und in Hin- und Rückr. zunächst für das Bündchen 5 cm im Rippenmuster (2 M. re., 2 M. li. im Wechsel) stricken. Dann mit Nadeln Nr. 4 im Grundmuster die Flächenaufteilung nach dem Schema ausführen. Das Schiff, die Rauchwölkchen und die Wolken werden zuletzt im Maschenstich aufgestickt. Es wird teilweise mit mehreren Knäulen gleichzeitig gearbeitet. Bei jedem

Vorderteil- und Rückenteil-Hälfte

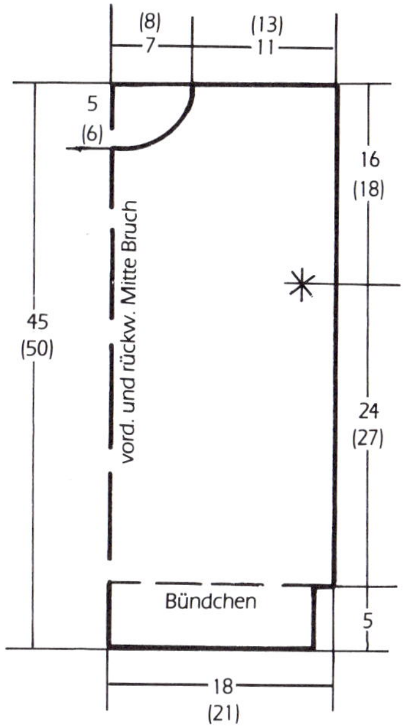

Ärmel-Hälfte

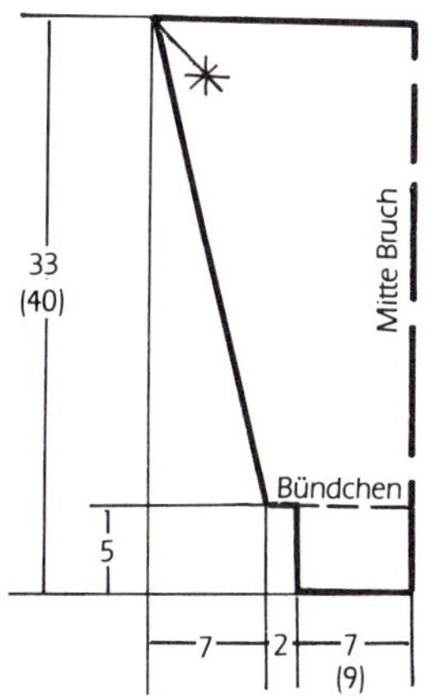

Schema: Pullover mit Schiff

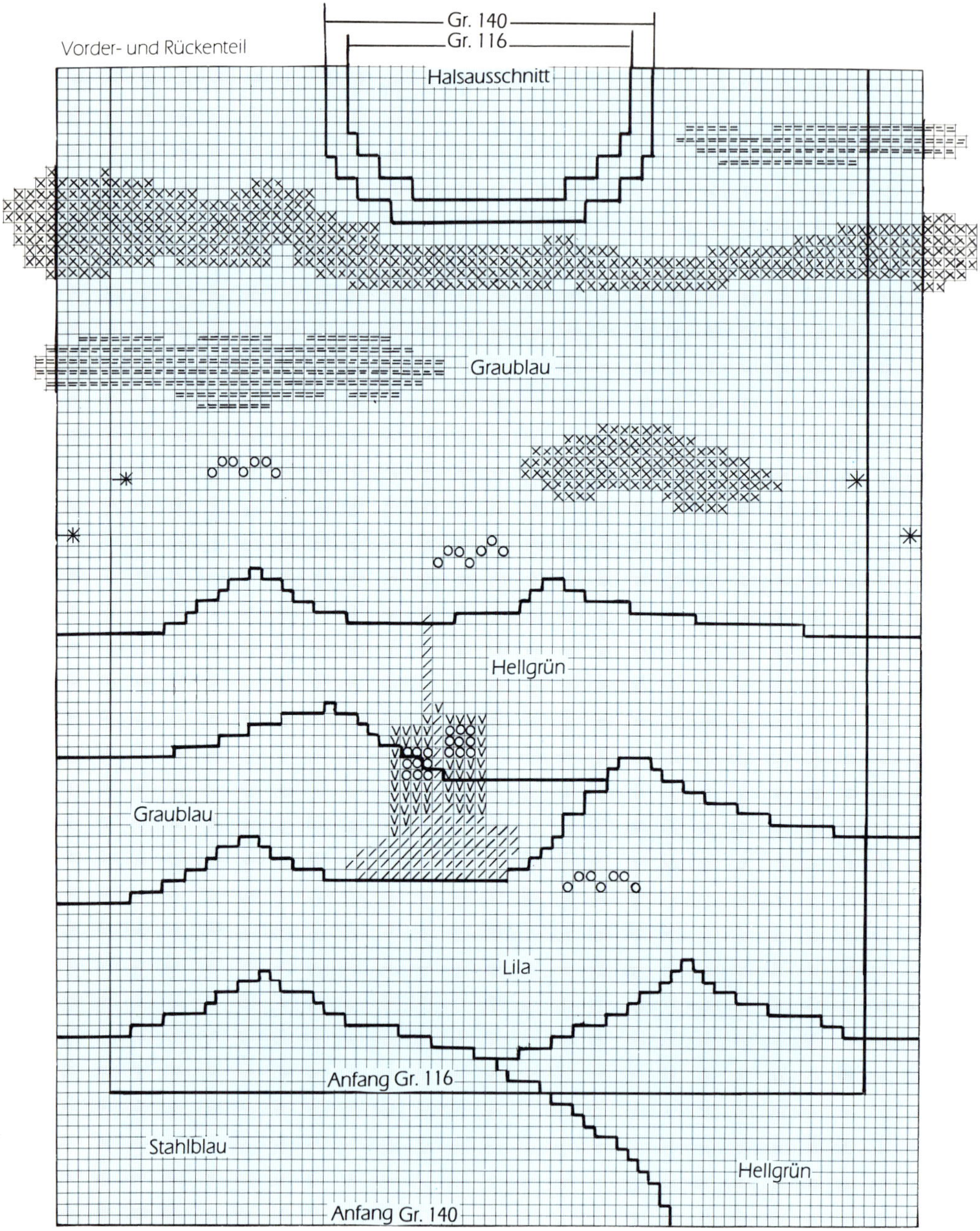

Die über das Schema hinausragenden Muster werden im Maschenstich auf die Ärmel gestickt.

Zeichenerklärung
/ = Rot
V = Dunkelgrün
O = Weiß
X = Rosa
= = Weinrot

Farbwechsel in einer R. müssen die beiden Fäden auf der Rückseite miteinander verkreuzt werden (siehe Seite 144), damit eine feste Verbindung entsteht. In 40 cm (44 cm) Gesamth. für den vord. Halsausschnitt die mittl. 14 M. (18 M.) abketten und zunächst eine Schulter beenden. Dabei weiter in jeder 2. R. 1mal 3 M., 1mal 2 M. und 1mal 1 M. abketten. In 45 cm (50 cm) Gesamth. die übrigen 22 M. (25 M.) stillegen. Die zweite Schulter gegengleich beenden.
Das **Rückenteil** wie das Vorderteil stricken. Hier jedoch für den Halsausschnitt keine M. abketten, sondern mit allen M. bis 45 cm (50 cm) Gesamth. stricken. Dann die mittl. 26 M. (30 M.) abketten, beidseitig die 22 M. (25 M.) je Schulter stillegen.
Ärmel: 28 M. (34 M.) mit Nadel Nr. 3,5 in Graublau anschlagen und in Hin- und Rückr. zunächst für das Bündchen 5 cm im Rippenmuster stricken. Dann mit Nadeln Nr. 4 im Grundmuster weiterarbeiten. Dabei für die Weite in der 1. R. M. zunehmen, d. h. 8mal nach jeder 3. M. (4. M.) aus dem Querfaden der Vorr. 1 M. re. verschr. herausstricken. Anschließend 13mal in jeder 4. R. (6. R.) beidseitig je 1 M. zunehmen. In 33 cm (40 cm) Gesamth. die M. abketten. Den zweiten Ärmel genauso stricken.
Ausarbeitung: Die Teile von links schnittgemäß spannen und vorsichtig dämpfen. Die Schulternähte im Maschenstich (siehe Seite 145) schließen. Die Ärmel jeweils von Vorderteil ∗ bis Rückenteil ∗ annähen. Nun auf dem Vorderteil die Stickerei wie im Schema eingezeichnet im Maschenstich (siehe Seite 145) ausführen. Die Wolken auf den Ärmeln vervollständigen. Die Ärmel- und Seitennähte schließen. Für die Blende aus dem Halsausschnitt 68 M. (76 M.) mit Nadel Nr. 3,5 in Graublau herausstricken und in Rd. 2 cm im Rippenmuster arbeiten, die M. abketten.

44 Pullover mit Landschaft in Größe 128 bis 140

Eine hügelige Landschaft mit Sonne, Haus und Weg wird in diesen Pullover eingestrickt. Sie müssen dabei mit mehreren Knäulen gleichzeitig arbeiten und die Fäden beim Farbwechsel gut verkreuzen, damit eine feste Verbindung entsteht. Sonne, Haus und Wolkenteile werden später im Maschenstich aufgestickt. Hier ist der Pullover aus glatter Sportwolle. Sie können dafür auch Baumwollgarne in gleicher Stärke (Maschenprobe!) verwenden.

ANLEITUNG:
Material: 500 g mittelstarke Wolle (Lauflänge 120 m/50 g), d. h. 150 g in Graublau und je 50 g in Weinrot, Rosa, Hellgrün, Beige, Rost, Aubergine und Natur, für die Stickerei je einen Rest in Rot, Weiß, Dunkelgrün und Gelb, 1 Rundstricknadel Nr. 3,5 und Stricknadeln Nr. 4.
Grundmuster: glatt re. (Hinr. re., Rückr. li.), Flächenaufteilung s. Schema (1 Kästchen = 1 Masche).
Maschenprobe: 19 M. in der Breite und 23 R. in der Höhe ergeben 10 cm im Quadrat.
Vorderteil: 80 M. mit Nadel Nr. 3,5 in Weinrot anschlagen und in Hin- und Rückr. zunächst für das Bündchen 5 cm im Rippenmuster (2 M. re., 2 M. li. im Wechsel) stricken. Dann mit Nadeln Nr. 4 im Grundmuster die Flächenaufteilung nach dem Schema ausführen. Der Weg, das Hausdach, die Büsche, die Sonne und die Wolken werden zuletzt im Maschenstich aufgestickt. Es wird fast ständig mit mehreren Knäulen gleichzeitig gearbeitet. Bei jedem Farbwechsel in einer R. müssen die beiden Fäden auf der Rückseite

miteinander verkreuzt werden (siehe Seite 144), damit eine feste Verbindung entsteht. In 43 cm Gesamth. für den vord. Halsausschnitt die mittl. 14 M. abketten und zunächst eine Schulter beenden. Dabei weiter in jeder 2. R. 1mal 3 M., 2mal 2 M. und 2mal 1 M. abketten. In 49 cm Gesamth. die übrigen 24 M. stillegen. Die zweite Schulter gegengleich beenden.

Das **Rückenteil** im Prinzip wie das Vorderteil stricken, jedoch die Flächenaufteilung gegengleich arbeiten. Außerdem mit den Abnahmen für den rückw. Halsausschnitt erst in 47 cm Gesamth. beginnen. Dafür die mittl. 28 M. abketten und zunächst eine Schulter beenden. Dabei in der folg. 2. R. nochmals 2 M. abketten, in 49 cm Gesamth. die übrigen 24 M. stillegen. Die zweite Schulter gegengleich beenden.

Ärmel: 36 M. mit Nadel Nr. 3,5 in Graublau anschlagen und in Hin- und Rückr. zunächst für das Bündchen 5 cm im Rippenmuster stricken. Dann mit Nadeln Nr. 4 im Grundmuster weiterarbeiten. Dabei für die Weite in der 1. R. M. zunehmen, d. h. 10mal nach jeder 3. M. aus dem Querfaden der Vorr. 1 M. re. verschr. herausstricken. Anschließend 12mal in jeder 6. R. beidseitig je 1 M. zunehmen. In 38 cm Gesamth. die M. abketten. Den zweiten Ärmel genauso stricken.

Ausarbeitung: Die Teile von links schnittgemäß spannen und vorsichtig dämpfen. Die Schulternähte im Maschenstich schließen. Die Ärmel jeweils von Vorderteil ✱ bis Rückenteil ✱ annähen. Nun auf dem Vorderteil die Stickerei wie im Schema eingezeichnet im Maschenstich (siehe Seite 145) ausführen. Die Wolke auf dem linken Ärmel vervollständigen. Die Ärmel- und Seitennähte schließen. Für die Blende aus dem Halsausschnitt 76 M. mit Nadel Nr. 3,5 in Graublau herausstricken und in Rd. 2 cm im Rippenmuster arbeiten, die M. abketten.

Vorderteil- und Rückenteil-Hälfte

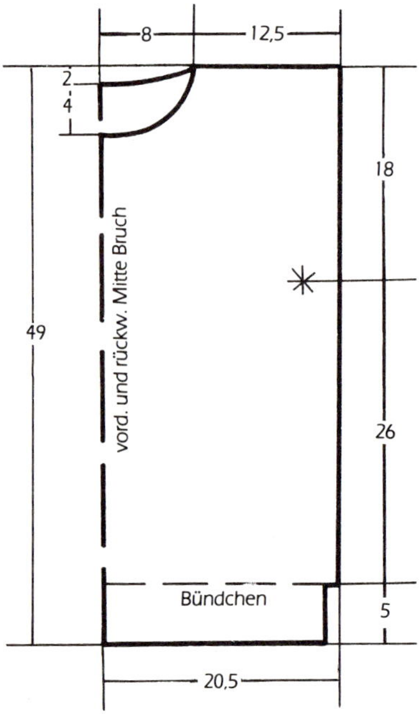

Ärmel-Hälfte

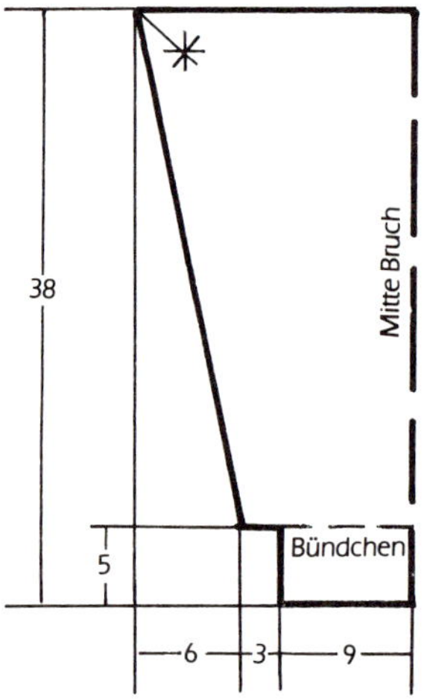

Schema: Pullover mit Landschaft

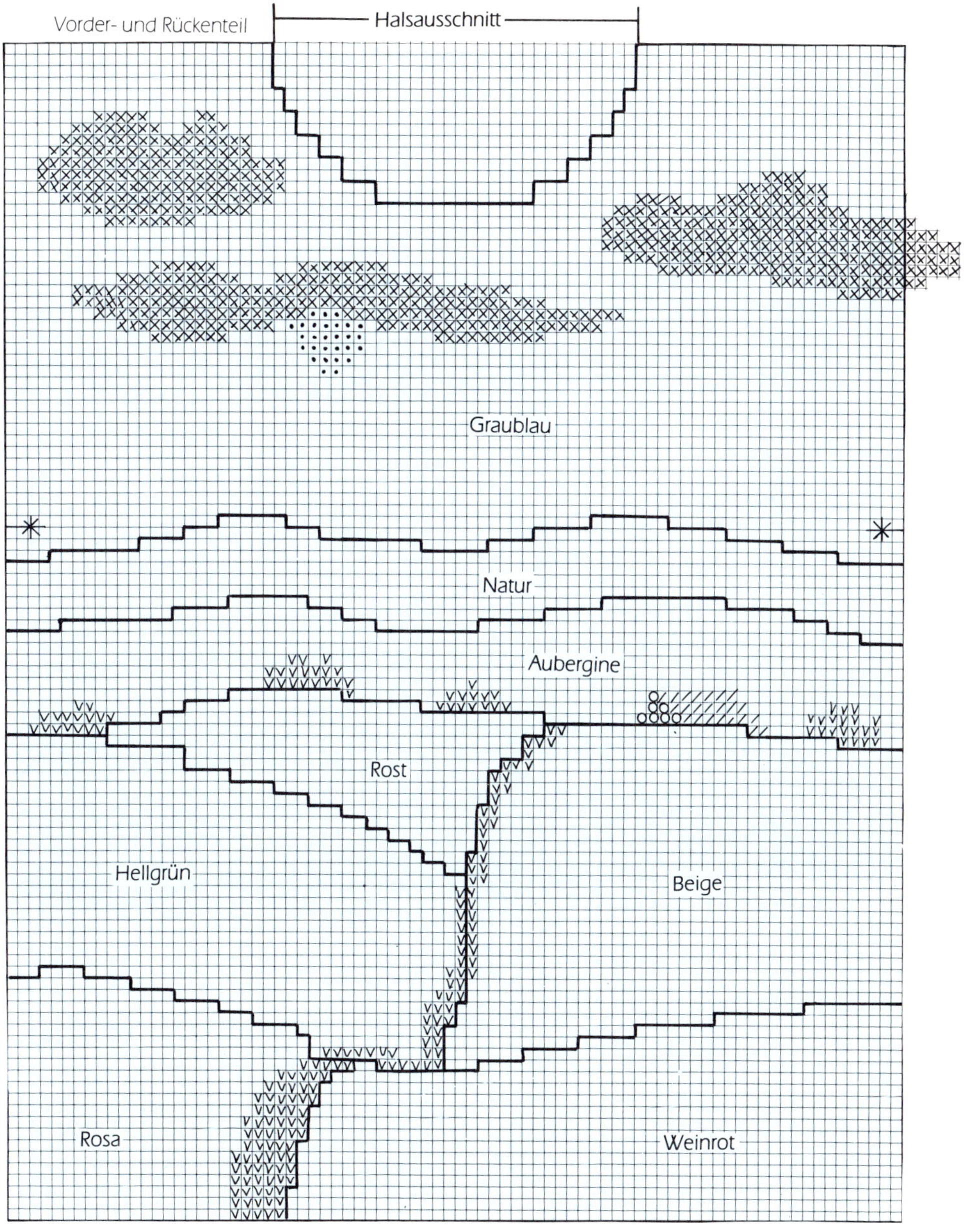

Die über das Schema hinausragenden Muster werden im Maschenstich auf den Ärmel gestickt.

Zeichenerklärung

X = Rosa
/ = Rot
O = Weiß
V = Dunkelgrün
• = Gelb

45 Noppenjacke in Größe 116 und 140

Rundherum warm hält diese Jacke aus flauschiger Mohairwolle. Der schlichte Raglanschnitt wird durch lustige, bunte Noppen aufgelockert. Die Noppen werden gleich mit eingestrickt und haben verschiedene Farben. Gut geeignet dafür: Wollreste, die in der Stärke zur Mohairwolle passen. Die eingestrickten Taschen sind leicht zu machen, können aber auch weggelassen werden.

ANLEITUNG:

Alle Angaben für Größe 140 stehen, sofern sie abweichen, in Klammern.

Material: 550 g (600 g) Mohairwolle (Lauflänge 175 m/50 g), d. h. 400 g (450 g) in Zyklam und je 50 g in Rost, Blau und Natur sowie je 1 Rundstricknadel Nr. 4 und Nr. 5 und 5 Knöpfe.

Grundmuster: Maschenzahl teilbar durch 10 plus 1 M. und 2 Randm. **1.–4. Reihe:** glatt re. (Hinr. re., Rückr. li.). **5. Reihe:** 1 Randm. ∗ 5 M. re., in die 6. M. in anderer Farbe eine Noppe wie folgt arbeiten: 5 M. re. in diese M. stricken, dabei abwechselnd 1mal von vorn und 1mal von hinten in die M. einstechen, wenden, über diese 5 M. 2 R. glatt re. stricken. Dann mit der linken Nadel nacheinander die ersten M. über die 5. M. ziehen, wobei mit der nächstliegenden M. begonnen wird, also zuerst die 4. M. über die 5. M., dann die 3. M. über die 5. M. usw. Nun weiter in der Grundfarbe 4 M. re., ab ∗ fortlaufend wiederholen, 1 M. re., 1 Randm. **6.–12. Reihe:** glatt re. **13. Reihe:** 1 Randm., in die folg. M. in anderer Farbe eine Noppe arbeiten, ∗ 9 M. re. in der Grundfarbe, in die folg. M. in anderer Farbe eine Noppe arbeiten, ab ∗ fortlaufend wiederholen, 1 Randm. **14.–20. Reihe:** glatt re. Die 5.–20. Reihe stets wiederholen.

Maschenprobe: 13 M. in der Breite und 19 R. in der Höhe ergeben 10 cm im Quadrat.

Rücken- und Vorderteile werden bis zu den Armausschnitten in einem Stück gestrickt. Dafür 92 M. (102 M.) mit Nadel Nr. 4 in Zyklam anschlagen und in Hin- und Rückr. zunächst für das Bündchen 3 cm im Rippenmuster (2 M. re., 2 M. li. im Wechsel) stricken. Dann mit Nadel Nr. 5 im Grundmuster weiterarbeiten. Dabei am Ende der 1. R. 1 M. dazu anschlagen, damit das Muster aufgeht. Die Noppen werden mit einem extra Faden in anderer Farbe gestrickt, und zwar in der 1. Noppenr. in Blau, in der 2. Noppenr. in Rost, in der 3. Noppenr. in Natur. Diese Farbfolge stets wiederholen. In 9 cm Gesamth. die Arbeit für die senkrechten Tascheneingriffe teilen, d. h. jeweils getrennt zunächst beidseitig die äußeren 9 M. bis 19 cm Gesamth. hochstricken. Die mittl. 75 M. (85 M.) inzwischen stillegen. Dabei das Noppenmuster entspr. fortsetzen. Nun zu den stillgelegten M. für die Taschenbeutel beidseitig je 9 M. dazu anschlagen und ebenfalls bis 19 cm Gesamth. arbeiten. In die Taschenbeutel keine Noppen einstricken! Beidseitig die 9 M. der Taschenbeutel abketten, wieder alle 93 M. (103 M.) auf die Nadel nehmen und wie gewohnt weiterarbeiten. In 30 cm (33 cm) Gesamth. für die Armausschnitte beidseitig je 6 M. abketten, und zwar jeweils die 20.–25. M. (22.–27. M.) von außen. Das Teil stillegen und mit einem **Ärmel** beginnen. Dafür 28 M. (30 M.) mit Nadel Nr. 4 in Zyklam anschlagen und in Hin- und Rückr. zunächst für das Bündchen 6 cm im Rippenmuster stricken. Dann mit Nadel Nr. 5 im Grundmuster weiterarbeiten. Dabei in der 1. R. am Ende 1 M. zunehmen und das Noppenmuster von der Ärmelmitte aus einrichten. Die Farbfolge der Noppen genau wie beim Rücken und den Vorderteilen vornehmen. (Die 1. Noppenr. in Rost arbeiten, damit später die richtigen Farben in einer R. liegen. Dann in der gewohnten Farbfolge fortfahren.) Gleichzeitig für die Weite insgesamt 9mal abwechselnd in jeder 4. und 6. R. (11mal in jeder 4. R.) beidseitig je 1 M. zunehmen. In 33 cm Gesamth. beidseitig je 3 M. abketten.

→

45
Noppenjacke

Diese Abnahmen müssen in der gleichen Musterr. erfolgen wie beim Rücken und den Vorderteilen, damit das Muster später richtig anschließt. Das Teil stillegen und den zweiten Ärmel genausoweit stricken. Nun alle Teile in der richtigen Reihenfolge gemeinsam auf die Nadel nehmen und die Jacke in einem Stück beenden. Dabei 11mal (13mal) in jeder Hinr. an den Raglanlinien wie folgt M. abnehmen: beim rechten Vorderteil und beim Rückenteil die letzten 2 M., bei den Ärmeln jeweils die 2. und 3. letzte M. re. zus.-stricken. Beim linken Vorderteil und beim Rükkenteil die ersten 2 M., bei den Ärmeln jeweils die 2. und 3. M. verschr. zus.stricken, d. h. stets die erste dieser 2 M. abheben, die folg. M. re. und die abgehobene M. darüberziehen. Auf diese Raglanlinien werden keine Noppen gearbeitet! Nach diesen Abnahmen für den Halsausschnitt beidseitig je 3 M. (4 M.) und weiter in jeder 2. R. 2mal 1 M., 1mal 2 M. und 1mal 3 M. (4 M.), dann die restlichen M. abketten. Gleichzeitig so oft wie noch möglich an allen 4 Raglanlinien, später nur an den rückw. Raglanlinien in jeder Hinr. wie gewohnt M. abnehmen.

Ausarbeitung: Die Jacke von links schnittgemäß spannen und vorsichtig dämpfen. Die Ärmel- und Armausschnittnähte schließen. Für die Blenden aus den vord. Kanten jeweils 60 M. (66 M.) mit Nadel Nr. 4 herausstricken und in Hin- und Rückr. 3 cm im Rippenmuster arbeiten. In die rechte Blende in 1,5 cm Höhe gleichmäßig verteilt 5 Knopflöcher einarbeiten, d. h. jeweils 2 M. zus.stricken, 1 Umschl. aufnehmen. Für den Kragen aus dem Halsausschnitt jeweils bis zur Mitte der vord. Blenden 54 M. (58 M.) mit Nadel Nr. 4 herausstricken und in Hin- und Rückr. 10 cm im Rippenmuster arbeiten, die M. abketten. Für die Blenden aus den vord. Kanten der Tascheneingriffe je 16 M. mit Nadel Nr. 4 herausstricken und 3 cm im Rippenmuster arbeiten, die M. abketten. Die Taschenbeutel von links und die schmalen Kanten der Blenden an den Vorderteilen festnähen. Die Knöpfe annähen.

Noppenjacke

Vorderteil- und Rückenteil-Hälfte mit Ärmel

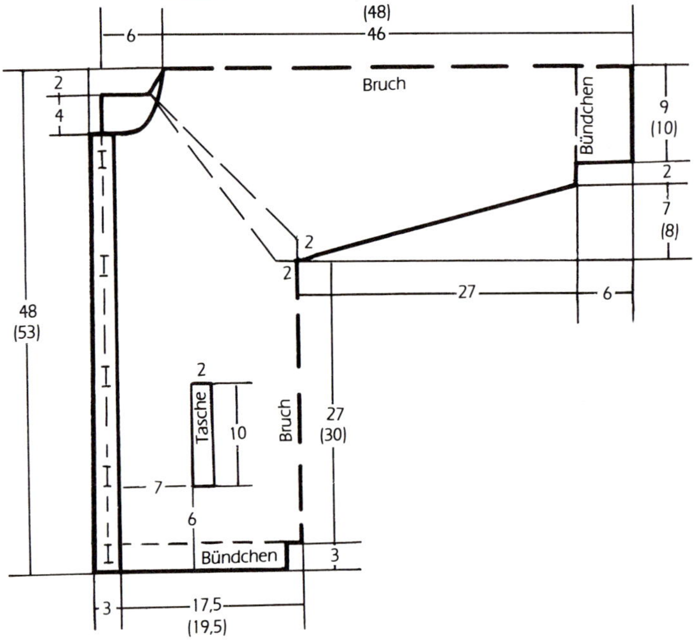

46 Norwegerjacke in Größe 128 und 140

Mit feinen Ringeln und einzeln eingestrickten hellen Maschen fängt das Muster an und verdichtet sich in Brusthöhe zu einer breiten, dekorativen Bordüre. Die Norwegermuster sind einfach zu machen, für die verschiedenen Farben können Sie gut Reste verwenden. Die Jacke eignet sich für Mädchen und Jungen und kann auch als Pullover gearbeitet werden. Tip für modische Mädchen: Ihr könnt die Jacke auch mal verkehrt herum mit den Knöpfen im Rücken tragen! (Foto S. 132)

ANLEITUNG:
Alle Angaben für Größe 140 stehen, sofern sie abweichen, in Klammern.
Material: 700 g feine Wolle (Lauflänge 300 m/100 g), d. h. 300 g in Weinrot und je 100 g in Türkis, Khaki, Rot und Blau sowie je 1 Rundstricknadel Nr. 3 und Nr. 3,5 und 7 Knöpfe.
Grundmuster: glatt re. (Hinr. re., Rückr. li.), Norwegermuster s. Schema.
Maschenprobe: 23 M. in der Breite und 34 R. in der Höhe ergeben 10 cm im Quadrat.
Rücken- und Vorderteil werden bis zu den Armausschnitten in einem Stück gestrickt. Dafür 164 M. (172 M.) mit Nadel Nr. 3 in Weinrot anschlagen und in Hin- und Rückr. zunächst für das Bündchen 6 cm im Rippenmuster (2 M. re., 2 M. li. im Wechsel) stricken. Dann mit Nadel Nr. 3,5 im Grundmuster das Norwegermuster nach dem Schema arbeiten. Dabei für die Weite in der 1. R. M. zunehmen, d. h. 20mal nach jeder 8. M. aus dem Querfaden der Vorr. 1 M. re. verschr. herausstricken. In der Breite wird der Rapport fortlaufend wiederholt. In der Höhe strickt man 1mal bis zur 40. R., wiederholt die 3.–40. R. 1mal, strickt anschließend die 41.–65. R., dann die 7.–43. R.; beginnt wieder bei der 7. R. und strickt in diesem Muster bis zur Schulter. Gleichzeitig muß in der 44. R. das Muster von der rückw. Mitte aus eingerichtet und beidseitig bis zu den vord. Kanten fortgesetzt werden, weil sich hier die Breite des

Vorderteil- und Rückenteil-Hälfte

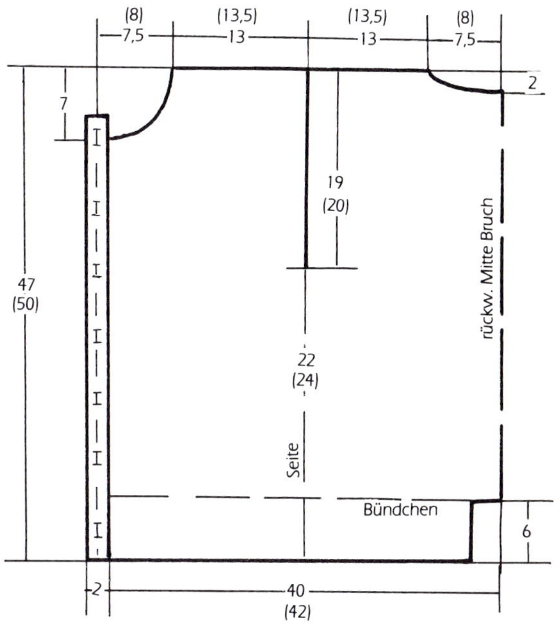

Ärmel-Hälfte

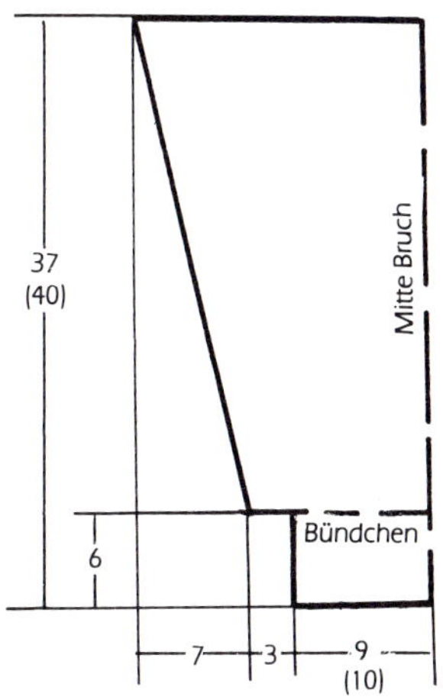

46
Norwegerjacke

Rapports ändert. Außerdem in 28 cm (30 cm) Gesamth. die Arbeit in Rücken- und Vorderteile teilen, d. h. beidseitig die äußeren 45 M. (47 M.) auf Hilfsnadeln stillegen, mit den mittl. 94 M. (98 M.) zunächst das Rückenteil weiter gerade hochstricken. In 45 cm (48 cm) Gesamth. für den rückw. Halsausschnitt die mittl. 26 M. (28 M.) abketten und zunächst eine Schulter beenden. Dabei weiter in jeder 2. R. 2mal 2 M. abketten. In 47 cm (50 cm) Gesamth. die übrigen 30 M. (31 M.) stillegen. Die zweite Schulter gegengleich beenden. Nun an einem Vorderteil weiter gerade hochstricken. In 40 cm (43 cm) Gesamth. für den vord. Halsausschnitt 5 M. (6 M.) und weiter in jeder 2. R. 1mal 3 M., 2mal 2 M. und 3mal 1 M. abketten. In 47 cm (50 cm) Gesamth. die übrigen 30 M. (31 M.) stillegen. Das zweite Vorderteil gegengleich beenden.

Ärmel: 42 M. (46 M.) mit Nadel Nr. 3 in Weinrot anschlagen und in Hin- und Rückr. zunächst für das Bündchen 6 cm im Rippenmuster stricken. Dann weiter mit Nadel Nr. 3,5 das Norwegermuster nach dem Schema arbeiten. Dabei für die Weite in der 1. R. M. zunehmen, d. h. 14mal nach jeder 3. M. aus dem Querfaden der Vorr. 1 M. re. verschr. herausstricken. Das Muster hier sofort von der Ärmelmitte aus einrichten (s. Schema). In der Höhe strickt man 1mal von der 1.–40. R. (29.–40. R.), anschließend 1mal (2mal) von der 3.–40. R., dann von der 41.–65. R. Gleichzeitig insgesamt 16mal in jeder 6. R. (abwechselnd in jeder 6. und 8. R.) beidseitig je 1 M. zunehmen. Nach der 65. Musterr., das ist in 37 cm (40 cm) Gesamth., die M. abketten. Den zweiten Ärmel genauso stricken.

Ausarbeitung: Die Teile von links schnittgemäß spannen und vorsichtig dämpfen. Die Schulternähte im Maschenstich schließen. Die Ärmelnähte schließen, die Ärmel einsetzen. Für die Blende aus dem Halsausschnitt 74 M. (82 M.) mit Nadel Nr. 3 in Weinrot herausstricken und in Hin- und Rückr. 2 cm im Rippenmuster arbeiten, die M. abketten. Für die Blenden aus den vord. Kanten jeweils 86 M. (92 M.) mit Nadel Nr. 3 in Weinrot herausstricken und in Hin- und Rückr. im Rippenmuster arbeiten. Dabei in die rechte Blende in 1 cm Höhe gleichmäßig verteilt 7 Knopflöcher einarbeiten (jeweils 2 M. abketten und in der folg. R. wieder anschlagen). In 2 cm Höhe die M. abketten. Die Knöpfe annähen.

Muster der Norwegerjacke

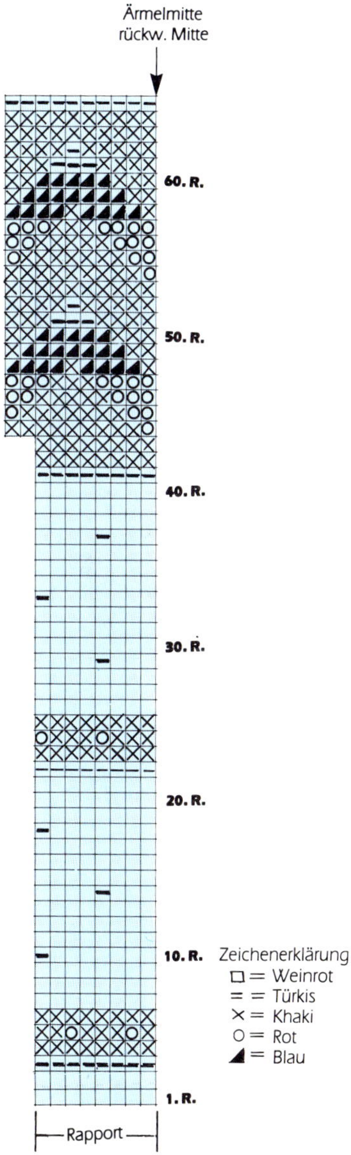

47

Pullunder

47 Pullunder in Größe 128 und 140

Auf großer Fahrt befindet sich dieser Pullunder, bei dem zwei Strickarten zur Geltung kommen: Die kleinen Motive werden nach Norwegerart eingestrickt, das Schiff entsteht in Flächenaufteilung. Die feinen Details wie Bullaugen und Schornsteinschmuck werden zum Schluß aufgestickt. Der Pullunder paßt über Hemden und Blusen. Den klassischen, einfachen Schnitt können Sie für viele verschiedene Modelle benutzen: Richten Sie sich einfach nach den Maßen des Schnittschemas, und stricken Sie in einem beliebigen Muster. Zum Beispiel in Ringeln, Streifen oder Norwegermustern, wie bei den Pullovern in diesem Buch.

ANLEITUNG:

Alle Angaben für Größe 140 stehen, sofern sie abweichen, in Klammern.

Material: 470 g mittelfeine Wolle (Lauflänge 300 m/100 g), d. h. je 200 g in Petrol und Türkis und Reste in passender Qualität in Khaki (ca. 30 g), Blau (ca. 20 g), Natur und Rot (jeweils ca. 10 g) sowie je 1 Rundstricknadel Nr. 3 und Nr. 3,5.

Grundmuster: glatt re. (Hinr. re., Rückr. li., in Runden nur re.), kleines Einstrickmuster und Schiff s. Schema.

Maschenprobe: 23 M. in der Breite und 34 R. in der Höhe ergeben 10 cm im Quadrat.

Rücken- und Vorderteil werden zunächst in einem Stück in Runden gestrickt. Dafür 160 M. (172 M.) mit Nadel Nr. 3 in Petrol anschlagen, zur Rd. schließen und für das Bündchen 6 cm im Rippenmuster (2 M. re., 2 M. li. im Wechsel) stricken. Dann mit Nadel Nr. 3,5 im Grundmuster das kleine Einstrickmuster nach dem Schema arbeiten. Dabei den Rapport in der Breite und Höhe fortlaufend wiederholen. Gleichzeitig in der 1. Rd. des Grundmusters für die Weite M. zunehmen, d. h. 20mal (18mal) nach jeder 8. M. (9. M.) aus dem Querfaden der Vorrd. 1 M. re. verschr. herausstricken. In 23 cm (25 cm) Gesamth. die Arbeit in Rücken- und Vorderteil teilen, d. h. 90 M. (95 M.) auf einer Hilfsnadel stillegen. Mit den übrigen 90 M. (95 M.) in Hin- und Rückr. das Rückenteil wie folgt beenden: Zunächst für den Querstreifen 3 R. in Blau stricken. Dann wieder das Einstrickmuster nach dem Schema arbeiten, dabei jedoch die Farben tauschen (Grundfarbe jetzt Türkis). Gleichzeitig in 29 cm (31 cm) Gesamth. für die Armausschnitte beidseitig je 5 M. abketten, gerade weiterstricken. In 45 cm (48 cm) Gesamth. für den rückw. Halsausschnitt die mittl. 22 M. (25 M.) abketten und zunächst eine Schulter beenden. Dabei weiter in jeder 2. R. 1mal 3 M. und 1mal 2 M. abketten. In 47 cm (50 cm) Gesamth. die übrigen 24 M. (25 M.) stillegen. Die zweite Schulter gegengleich beenden. Am Vorderteil wie folgt weiterarbeiten: Zunächst 3 R. in Blau stricken.

→

Vorderteil- und Rückenteil-Hälfte

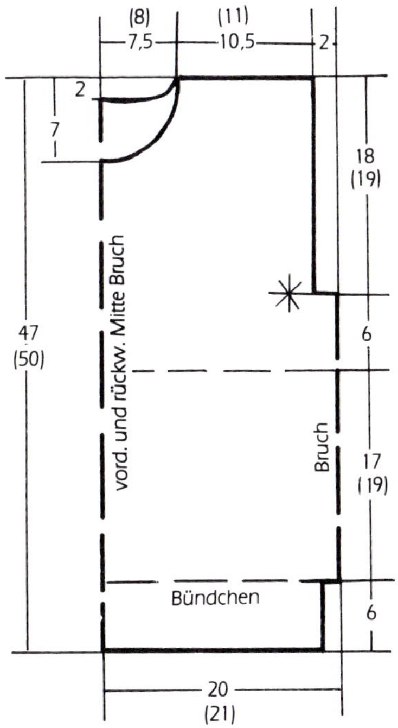

Dann weiter das Schiff nach dem Schema arbeiten (vord. Mitte beachten), bei allen übrigen M. das Einstrickmuster wie beim Rückenteil ausführen. Der türkis- und petrolfarb. Faden wird nicht hinter dem Schiffsmotiv mitgeführt. Es muß also mit 5 Knäulen gleichzeitig gearbeitet werden (siehe Seite 144). Die Flagge, die Fenster und die rote Fläche auf dem Schornstein werden zuletzt im Maschenstich aufgestickt. Den Rettungsring stickt man in Rot und Natur, das Bullauge in Petrol im Plattstich. An der Reling, an den Aufbauten und um das Bullauge eine Linie in Blau im Stielstich sticken. Außerdem in 29 cm (31 cm) Gesamth. für die Armausschnitte beidseitig je 5 M. abketten, gerade weiterstricken. In 40 cm (43 cm) Gesamth. für den vord. Halsausschnitt die mittl. 12 M. (13 M.) abketten und zunächst eine Schulter beenden. Dabei weiter in jeder 2. R. 4mal (5mal) 2 M. und 2mal (1mal) 1 M. abketten. In 47 cm (50 cm) Gesamth. die übrigen 24 M. (25 M.) stillegen. Die zweite Schulter gegengleich beenden.

Ausarbeitung: Den Pullunder von links schnittgemäß spannen und vorsichtig dämpfen. Die Schulternähte im Maschenstich schließen. Für die Blende aus dem Halsausschnitt 84 M. (88 M.) mit Nadel Nr. 3 in Türkis herausstricken und in Rd. 2 cm im Rippenmuster arbeiten, die M. abketten. Für die Armblenden jeweils von Vorderteil ✱ bis Rückenteil ✱ 88 M. (92 M.) mit Nadel Nr. 3 in Türkis herausstricken und in Hin- und Rückr. 2 cm im Rippenmuster arbeiten, die M. abketten. Die Blenden an den unteren Armausschnitten festnähen und die kurzen Seitennähte schließen. Am Schiff die Stickereien ausführen wie vordem beschrieben.

kleines Einstrickmuster

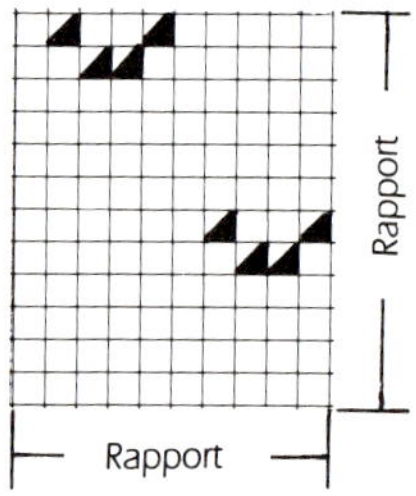

Schema: Pullunder mit Schiff

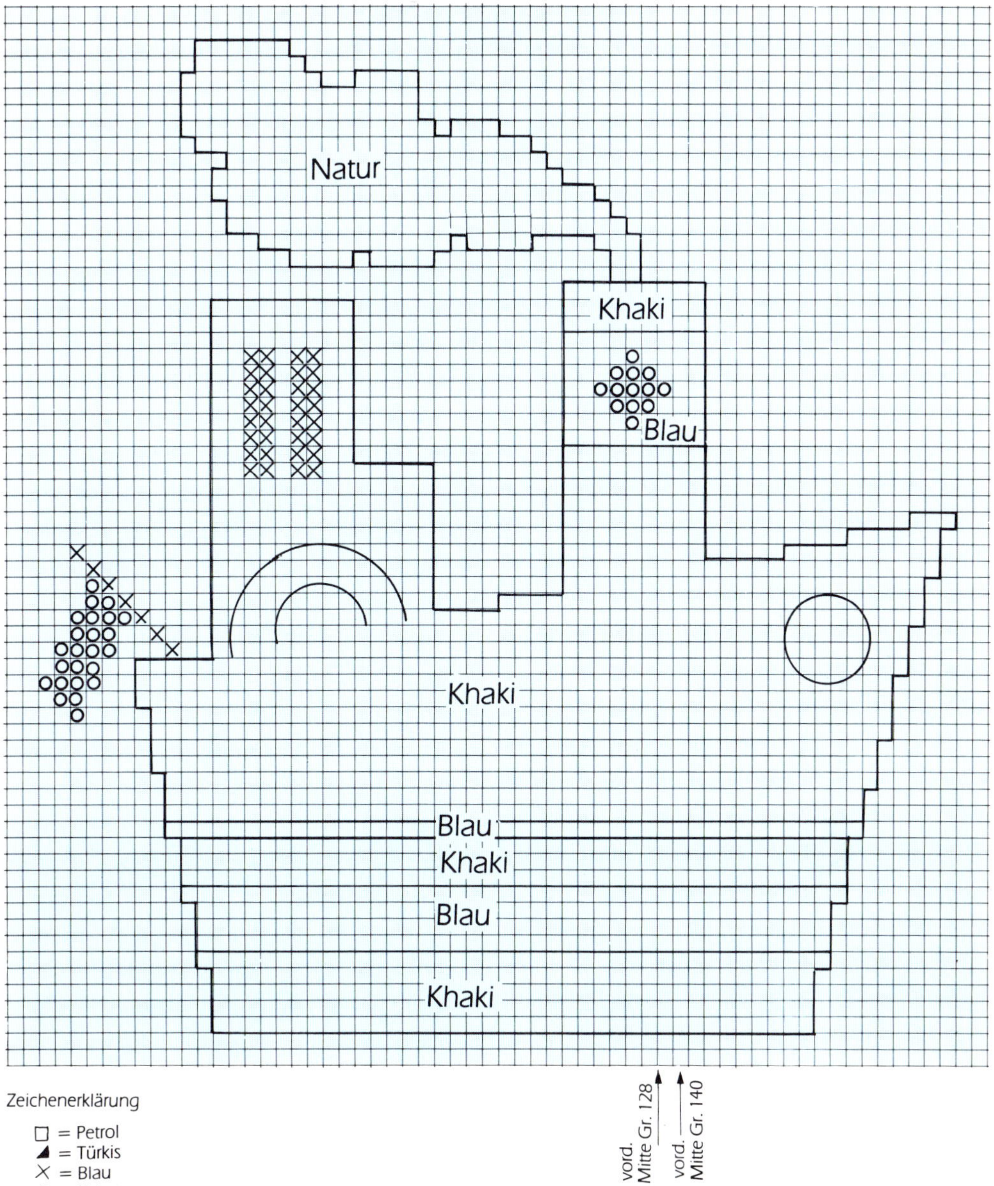

Zeichenerklärung

- □ = Petrol
- ◢ = Türkis
- × = Blau
- ○ = Rot

48 Mütze, Pulswärmer und Stutzen

Kleine Noppen, Zackenränder und Musterreihen schmücken dieses dreiteilige Set, mit dem Mädchen im Winter warm angezogen sind. Die drei Teile lassen sich aus bunten Wollresten schnell selberstricken und können – auch einzeln – mit vielen Pullovern, Hosen, Röcken, Jacken und Mänteln kombiniert werden. Besonders praktisch: die Ohrenklappen an der Mütze. Zum Stricken eignen sich viele verschiedene Reste. Kaufen Sie eine Grundfarbe in gleicher Garnstärke dazu (hier Aubergine) – dann paßt alles zusammen!

ANLEITUNG:

Material: 350 g mittelstarke Wolle (Lauflänge 125 m/50 g), d. h. 100 g in Aubergine und je 50 g in Grau, Rot, Flieder, Blau und Grün oder Reste ähnlicher Qualität und 1 Nadelspiel Nr. 4.

Grundmuster: glatt re. (Hinr. re., Rückr. li., in Runden nur re.), Norwegermuster s. Schema, Maschenzahl teilbar durch 8.

Noppe: 4 M. re. aus der betreffenden M. herausstricken, dabei abwechselnd 1mal von vorn, 1mal von hinten in die M. einstechen. Über diese 4 M. 3 R. glatt re. (Rückr. li., Hinr. re.) arbeiten, wenden, dann nacheinander die 2. M., die 3. M. und die 4. M. über die 1. M. ziehen und diese auf die rechte Nadel nehmen.

Maschenprobe: 22 M. in der Breite und 30 R. in der Höhe ergeben 10 cm im Quadrat.

Mütze: Es wird zunächst mit einer Ohrenklappe begonnen. Dafür mit 2 Nadeln des Nadelspiels 7 M. in Rot anschlagen und in Hin- und Rückr. im Grundmuster je 2 R. in Rot, Flieder, Grün, Blau, Aubergine, Grau, Rot, Flieder und Grün stricken. Dabei 7mal in jeder 2. R. beidseitig je 1 M. zunehmen (21 M.). Dieses Teil stillegen und die zweite Ohrenklappe genausoweit stricken. Nun jeweils zwischen den Ohrenklappen für den rückw. Mützenteil 24 M., für den vord. Mützenteil 46 M. in Grau anschlagen (112 M.). Die M. gleichmäßig auf 4 Nadeln verteilen und in Rd. im Grundmuster nach dem Schema weiterarbeiten. In der Rd. wird der Rapport fortlaufend wiederholt, in der Höhe strickt man 1mal von der 1.–42. Rd. und beginnt dann wieder bei der 31. Rd. Die Noppen werden stets in der Farbe gearbeitet, in der die einzelnen bunten M. in der betr. Rd. gestrickt werden. In der 30. Musterrd. mit den Abnahmen für die Kopfform beginnen. Dafür 8mal jede 13. und 14. M. re. zus.-stricken. Diese Abnahmen noch 12mal in jeder 2. Rd. an den gleichen Stellen wiederholen, also zunächst jede 12. und 13. M., weiter jede 11. und 12. M., jede 10. und

Norwegermuster

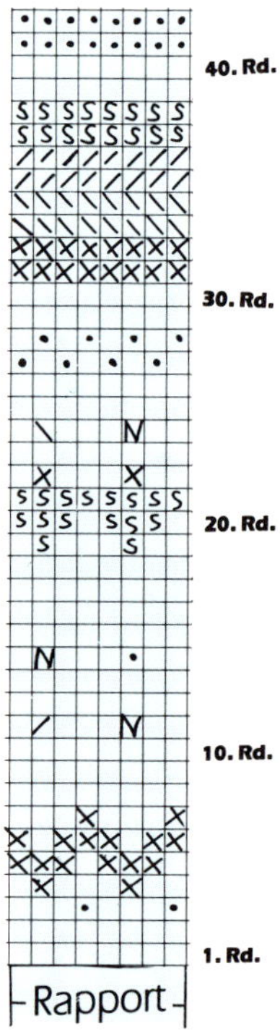

Zeichenerklärung
□ = Grau
• = Rot
X = Flieder
/ = Blau
S = Aubergine
\ = Grün
N = Noppe

48
Mütze, Pulswärmer und Stutzen

49
Mütze, Handschuhe und Stutzen

11. M. usw. re. zus.stricken. Die letzten 8 M. mit dem Endfaden zusammenziehen. Nun für den Zackenrand aus den Kanten der Ohrenklappen jeweils 30 M., aus jeder Anschlagm. zwischen den Ohrenklappen je 1 M. in Aubergine herausstricken und 3 Rd. re. arbeiten. In der folg. Rd. abwechselnd 2 M. re. zus.stricken, 1 Umschl. aufnehmen. Noch 2 Rd. re. arbeiten, die M. abketten. Den Rand an der Lochrd. nach innen biegen und von links festnähen. Evtl. in den Mützenrand zwischen den Ohrenklappen dünnes Gummiband einziehen.

Stutzen: 56 M., 14 M. je Nadel, in Aubergine anschlagen und in Rd. zunächst für das Bündchen 9 cm im Rippenmuster (2 M. re., 2 M. li. im Wechsel) stricken. Dann im Grundmuster nach dem Schema weiterarbeiten. In der Rd. wird der Rapport stets wiederholt, in der Höhe strickt man 1mal von der 1.–42. Rd. und wiederholt dann fortlaufend die 31.–42. Rd. Die Noppen wieder in der Farbe arbeiten, in der die einzelnen bunten M. der betr. Rd. gestrickt werden. Nach Belieben kann man auch Noppen über den ganzen Stutzen verteilt arbeiten. Ab 30 cm Gesamth. für das zweite Bündchen wieder in Aubergine im Rippenmuster stricken. In 39 cm Gesamth. die M. abketten. Den zweiten Stutzen genauso arbeiten.

Pulswärmer: 40 M., 10 M. je Nadel, in Aubergine anschlagen und in Rd. zunächst für den Zackenrand 2 Rd. re. arbeiten, in der folg. Rd. abwechselnd 2 M. re. zus.stricken, 1 Umschl. aufnehmen und noch 3 Rd. re. arbeiten. Dann weiter im Grundmuster nach dem Schema stricken. In der Rd. wird der Rapport stets wiederholt, in der Höhe strickt man von der 1.–17. Rd., dann nochmals die 1.–7. Rd. in umgekehrter Richtung. Dafür einfach das Schema auf den Kopf drehen und wie gewohnt arbeiten. Für den Zackenrand noch 6 Rd. in Aubergine stricken. Dabei in der 4. Rd. abwechselnd 2 M. re. zus.stricken, 1 Umschl. aufnehmen. Die M. abketten. Die Ränder an den Lochrd. nach innen biegen und von links festnähen. Evtl. dünnes Gummiband einziehen. Den zweiten Pulswärmer genauso arbeiten.

49 Mütze, Handschuhe und Stutzen

Dicke Noppen in drei Farben sind der Blickfang bei diesem schlichten Strickset. Alle Teile werden glatt rechts gestrickt und sind einfach nachzumachen. Die Mütze hat einen lustigen Zipfel und einen weichen Rollrand. Die Stutzen sehen besonders witzig aus, wenn sie verschiedenfarbene Rippenbündchen haben. Bei den Fausthandschuhen leuchten die Daumenspitzen in Rosarot. Alles ist aus weicher, mittelfeiner Wolle. Für die Noppen können Sie auch gut Reste in passender Garnstärke verwenden.

ANLEITUNG

Material: 200 g mittelstarke Wolle (Lauflänge 125 m/50 g), d. h. 150 g in Grau und 50 g in Rot, Reste in passender Qualität in Flieder und Aubergine sowie 1 Nadelspiel Nr. 4.

Grundmuster: glatt re. (hier in Runden nur re.).

Noppe: 4 M. re. aus der betreffenden M. herausstricken, dabei abwechselnd 1mal von vorn, 1mal von hinten in die M. einstechen. Über diese 4 M. 3 R. glatt re. (Rückr. li., Hinr. re.) arbeiten, wenden, dann nacheinander die 2. M., die 3. M. und die 4. M. über die 1. M. ziehen und diese auf die rechte Nadel nehmen.

Maschenprobe: 22 M. in der Breite und 30 R. in der Höhe ergeben 10 cm im Quadrat.

Die Mütze wird in Rd. gestrickt und am Rand begonnen. Dafür 100 M., 25 M. je Nadel, in Rot anschlagen und im Grundmuster 7 cm stricken, dann in Grau weiterarbeiten. In 9 cm Gesamth. mit dem Einstricken der andersfarbigen Noppen beginnen. Jede Noppe wird also mit einem extra Faden gearbeitet. Die folg. Rd. lautet: ∗ 15 M. in Grau, in die nächste M. 1 Noppe in Aubergine, 3 M. in Grau, in die nächste M. 1 Noppe in Rot, ab ∗ noch 4mal wiederholen. In der folg. 2. Rd. werden wieder Noppen gearbeitet. Man strickt jetzt ∗ 17 M. in Grau, in die nächste M. 1 Noppe in Flieder, 2 M. in Grau, ab ∗ noch 4mal wiederholen. Nun in Grau weiterarbeiten. Ab 14 cm Gesamth. diese Noppengruppen nochmals versetzt einstricken, d. h. man arbeitet in der folg. Rd. die 1. Noppe in die 4. M. und fährt entspr. fort. Nach der letzten Noppenrd. mit den Abnahmen für die Kopfform beginnen. Dafür in der nächsten Rd. 4mal jede 24. und 25. M. re. zus.stricken. In der folg. 2. Rd. 8mal jede 11. und 12. M. re. zus.-stricken. Diese Abnahmen noch 10mal in jeder 2. Rd. an den gleichen Stellen wiederholen, also zunächst jede 10. und 11. M., weiter jede 9. und 10. M., jede 8. und 9. M. usw. re. zus.stricken. Mit den restl. 8 M. für den Zipfel in Rot weiterarbeiten. Dabei in der 1. Rd. die 3. und 4. M. und die 7. und 8. M. re. zus.stricken. Nach insgesamt 6 Rd. die M. mit dem Endfaden zusammenziehen.

Rechter Handschuh: 36 M., 9 M. je Nadel, in Grau anschlagen und zunächst für das Bündchen 6 cm im Rippenmuster (2 M. re., 2 M. li. im Wechsel) stricken. Dann im Grundmuster weiterarbeiten. In 6,5 cm Gesamth. mit den Zunahmen für den Daumenspickel beginnen. Dafür vor und nach der 1. M. der 1. Nadel aus dem Querfaden der Vorrd. 1 M. re. verschr. herausstricken. Diese Zunahmen noch 1mal in der folg. 3. Rd. und 4mal in jeder 2. Rd. wiederholen. Dabei die Zunahmen stets nach außen verlegen, also die M. immer vor und nach den zuletzt zugenommenen M. herausstricken. Nach allen Zunahmen die 13 Spickelm. auf einer Sicherheitsnadel stillegen. Statt dessen am Anfang der 1. Nadel 1 M. neu anschlagen und in Rd. weiterstricken. Gleichzeitig auf dem Handrücken eine Noppengruppe anordnen, d. h. man strickt bei der 3. Nadel in der folg. Rd. in die 3. M. 1 Noppe in Aubergine, in die 7. M. 1 Noppe in Rot und in der darauffolg. 2. Rd. in die 5. M. 1 Noppe in Flieder. Ab 14 cm Gesamth. bei der 4. Nadel eine Noppengruppe genauso einstricken. In 16,5 cm Gesamth. mit den Abnahmen für die Spitze beginnen. Dafür bei der 1. und 3. Nadel die 2. M. abheben, die folg. M. stricken und die abgehobene M. darüberziehen. Bei der 2. und 4. Nadel die 2. und 3. letzte M. re. zus.-stricken. Diese Abnahmen noch 2mal in jeder folg. 2. Rd. und 4mal in jeder Rd. genauso wiederholen. Die letzten 8 M. mit dem Endfaden zusammenziehen. Für den Daumen die stillgelegten M. auf 3 Nadeln verteilen, die neu angeschlagene M. der Handfläche mit aufnehmen und in Grau in Rd. arbeiten. Dabei 2mal in jeder 2. Rd. an der Daumeninnenseite je 2 M. re. zus.stricken. Nach insgesamt 5 Rd. in Rot weiterarbeiten. In 3,5 cm Daumenhöhe 3mal jede 3. und 4. M., in der folg. Rd. jede 2. und 3. M., dann stets 2 M. re. zus.-stricken. Die letzten 3 M. mit dem Endfaden zusammenziehen. Den **linken Handschuh** gegengleich arbeiten, d. h. mit den Zunahmen für den Daumenspickel vor und nach der letzten M. der 4. Nadel beginnen und entspr. fortfahren.

Stutzen: 60 M., 15 M. je Nadel, in Grau anschlagen und in Rd. zunächst für das Bündchen 9 cm im Rippenmuster stricken. Dann im Grundmuster weiterarbeiten. Dabei ab 13 cm Gesamth. Noppen einstricken, d. h. man arbeitet in der folg. Rd. bei jeder Nadel in die 1. M. 1 Noppe in Aubergine, in die 5. M. 1 Noppe in Rot. In der nächstfolg. 2. Rd. in die 3. M. jeder Nadel 1 Noppe in Flieder stricken. In 20 cm Gesamth. die Noppengruppen in den gewohnten Abständen, jedoch versetzt, anordnen. Die 1. Noppe also in die 9. M. der 1. Nadel stricken und entspr. fortfahren. Ab 27 cm Gesamth. die Noppengruppen wiederum versetzt arbeiten, also an den gleichen Stellen wie zuerst beschrieben. In 32 cm Gesamth. für das zweite Bündchen in Rot im Rippenmuster weiterarbeiten. In 41 cm Gesamth. die M. abketten. Den zweiten Stutzen genauso stricken.

50 Ringelmütze, Schal und Fäustlinge

Einfach und trotzdem vielseitig verwendbar sind die Strickanleitungen für dieses Trio. Ringelmütze, Schal und Fäustlinge verändern sich mit der Wolle und den Farben, die Sie dafür auswählen. Die blaue Grundfarbe wird auch Jungen gefallen. In Rot oder Rosa oder aus weicher Mohairwolle gestrickt, wird das Set Mädchen begeistern und vielleicht zum Selberstricken animieren. Schal und Fäustlinge können auch auf die Mützen (Seite 139) abgestimmt werden. Alle Teile eignen sich – einzeln oder zusammen – gut als Geschenk.

ANLEITUNG:

Material: 400 g mittelstarke Wolle, (Lauflänge 125 m/50 g), d. h. 150 g in Blau und je 50 g in Grün, Flieder, Aubergine, Rot und Grau sowie 1 Nadelspiel Nr. 4 und Stricknadeln Nr. 5,5.

Grundmuster I: glatt re. (hier in Runden nur re.).

Grundmuster II: Patentmuster (gerade Maschenzahl). **1. Reihe:** 1 Randm., ∗ 1 Umschl., 1 M. wie zum Linksstricken abheben, 1 M. re., ab ∗ stets wiederholen, 1 Randm. **2. Reihe:** 1 Randm., ∗ 1 Umschl., 1 M. wie zum Linksstricken abheben, die folg. M. mit dem Umschlag der Vorr. re. zus.-stricken, ab ∗ stets wiederholen, 1 Randm. Die 2. Reihe fortlaufend wiederholen.

Farbfolge für die Mütze: je 4 Rd. in Grün, Flieder, Aubergine, Grau, Blau, Grün, Flieder, Aubergine, Rot, Grau und Blau, 2 Rd. in Grün.

Farbfolge für die Handschuhe: ∗ je 4 Rd. in Blau, Grün, Flieder, Aubergine, Rot und Grau, ab ∗ wiederholen.

Maschenprobe: Im Grundmuster I ergeben 22 M. in der Breite und 30 R. in der Höhe 10 cm im Quadrat.

Die **Mütze** wird in Rd. gestrickt und am Rand begonnen. Dafür mit dem Nadelspiel 112 M., 28 M. je Nadel, in Blau anschlagen und zunächst für das Bündchen 9 cm im Rippenmuster (2 M. re., 2 M. li. im Wechsel) stricken. Dann im Grundmuster I in der angegebenen Farbfolge weiterarbeiten. In 15,5 cm Gesamth., das ist in der 1. Rd. des 2. grünen Streifens, mit den Abnahmen für die Kopfform beginnen. Dafür 8mal jede 13. und 14. M. re. zus.stricken. Diese Abnahmen noch 12mal in jeder 2. Rd. an den gleichen 8 Stellen wiederholen, d. h. zunächst jede 12. und 13. M., weiter jede 11. und 12. M., jede 10. und 11. M., jede 9. und 10. M. usw. re. zus.-stricken. Die letzten 8 M. mit dem Endfaden zusammenziehen.

Rechter Handschuh: Mit dem Nadelspiel 40 M., 10 M. je Nadel, in Blau anschlagen und in Rd. zunächst für das Bündchen 5 cm im Rippenmuster (2 M. re., 2 M. li. im Wechsel) stricken. Dann im Grundmuster I in der angegebenen Farbfolge weiterarbeiten. Schon in der 1. Rd. mit den Zunahmen für den Daumenspickel beginnen, d. h. vor der 1. M. und nach der 2. M. der 1. Nadel aus dem Querfaden der Vorrd. 1 M. re. verschr. herausstricken. Diese Zunahmen noch 4mal in jeder 4. Rd. wiederholen. Dabei die Zunahmen stets nach außen verlegen, also

50
Ringelmütze, Schal und Fäustlinge

die M. immer vor und nach den zuletzt zugenommenen M. herausstricken. In 12 cm Gesamth., das ist in der 1. Rd. des grauen Streifens, die 12 Spickelm. auf einer Sicherheitsnadel stillegen. Statt dessen am Anfang der 1. Nadel 2 M. neu anschlagen und in Rd. weiterarbeiten. In 18 cm Gesamth. mit den Abnahmen für die Spitze beginnen. Dafür bei der 1. und 3. Nadel die 2. und 3. M. re. zus.-stricken, bei der 2. und 4. Nadel die 3.letzte M. abheben, die nächste M. re. stricken und die abgehobene M. darüberziehen. Diese Abnahmen noch 1mal in der folg. 2. Rd., dann 6mal in jeder Rd. genauso wiederholen. Die übrigen 8 M. mit dem Endfaden zusammenziehen. Für den Daumen die stillgelegten M. auf 3 Nadeln verteilen, die neu angeschlagenen 2 M. der Handfläche mit aufnehmen und in Rd. zunächst den grauen Streifen stricken, dann den Daumen in Blau beenden. Dabei in der 2. und 4. Rd. jeweils an der Daumeninnenseite 2 M. re. zus.stricken. In 4 cm Daumenh. 3mal jede 3. und 4. M., in der folg. Rd. jede 2. und 3. M., dann stets 2 M. re. zus.stricken. Die letzten 3 M. mit dem Endfaden zusammenziehen. Den **linken Handschuh** gegengleich arbeiten, d. h. mit den Zunahmen für den Daumenspickel vor der 2.letzten M. und nach der letzten M. der 4. Nadel beginnen und entspr. fortfahren.
Für den **Schal** 30 M. mit Nadeln Nr. 5,5 in Blau anschlagen und im Grundmuster II arbeiten. Dabei für die 3 Streifen ab 8 cm Höhe 8 R. in Grün, ab 18 cm Gesamth. 8 R. in Rot und ab 28 cm Gesamth. 8 R. in Grau stricken. Die Streifen können nach Belieben auch in anderer Anordnung und Anzahl ausgeführt werden. In 1,20 m Gesamth. die M. abketten.

Tip

Flächenaufteilungen

Diese Stricktechnik erlaubt viele Mustervariationen. Sie können selbst Muster entwerfen und jeden beliebigen Schnitt verwenden. Zeichnen Sie den ausgesuchten Schnitt in Originalgröße auf Seidenpapier, und malen Sie Ihre Motive auf Vorder- und Rückenteil, eventuell auch auf die Ärmel auf. Stricken Sie dann mit dem gewünschten Garn eine Maschenprobe von 10x10 cm. Notieren Sie die Anzahl der Maschen in der Breite und der Reihen in der Höhe (und die benutzte Nadelstärke). Zeichnen Sie dann die Umrisse Ihres Schnitts (umgerechnet in Maschen in der Breite und Reihen in der Höhe) auf große Bögen Karopapier. Messen Sie das gezeichnete Motiv aus, übertragen Sie es in Maschen und Reihen und zeichnen Sie es in den Schnitt ein. Da die Anzahl der Maschen und Reihen bei der Strickprobe meistens nicht identisch ist, wird sich das Motiv auf dem (quadratischen) Karopapier etwas in die Länge ziehen – beim gestrickten Modell stimmen die Proportionen aber wieder!
Flächenaufteilungen kann man nicht in Runden arbeiten. Damit sich auf der Rückseite keine Spannfäden bilden, müssen Sie für jede Fläche ein Extraknäuel verwenden. Um die verschiedenen Farben gleichmäßig zu verbinden, werden bei jedem Farbwechsel die Fäden auf der Rückseite des Strickmodells miteinander verkreuzt.

Tip

Maschenstich

Einzelne Motive oder Muster lassen sich gut im Maschenstich auf glatt rechts gestrickte Flächen sticken. Der Stickfaden sollte nicht dünner als das verstrickte Garn sein, damit die gestrickte Masche verdeckt wird. Mit dem Stickfaden in der Mitte der Masche von unten herausstechen, die Nadel unter der darüberliegenden Masche von rechts nach links durchführen und in die Ausstichstelle zurückstechen.

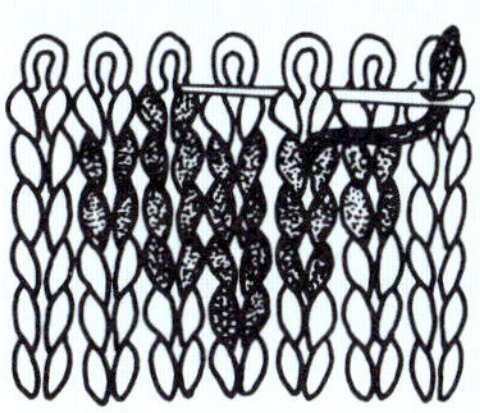

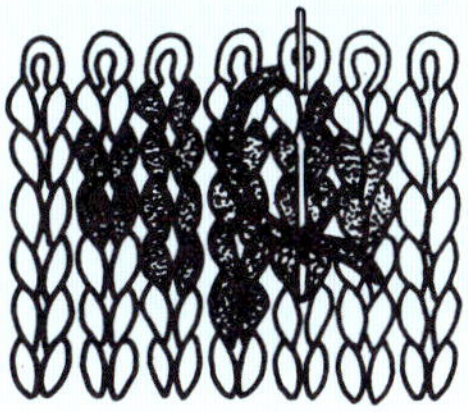

Der Maschenstich verbindet auch zwei Strickstücke mit einer unsichtbaren Naht. Jeweils zwei nebeneinanderliegende Maschen mit einer Sticknadel ohne Spitze auffassen, danach zwei Maschen des gegenüberliegenden Teils aufnehmen und wieder in die letzte Masche des 1. Teils zurückstecken. In der nächstliegenden Masche des 1. Teils wieder ausstechen. Den Faden so locker anziehen, daß eine neue Maschenreihe entsteht. Das Aufnehmen der freiliegenden Maschen beider Teile wiederholen bis die Reihe geschlossen ist.

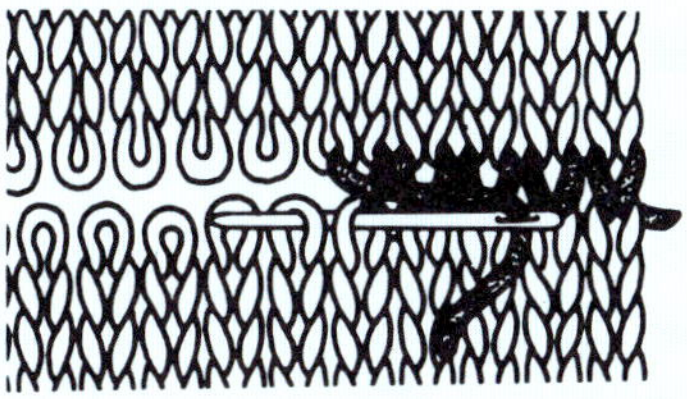

Gebräuchliche Abkürzungen bei Strickanleitungen

abh.	=	abheben
abn.	=	abnehmen
anschl.	=	anschlagen
fortlfd.	=	fortlaufend
insges.	=	insgesamt
li. M.	=	linke Masche
M.	=	Masche
Randm.	=	Randmasche
Rapport	=	eine bestimmte Musterstrecke in Länge und Breite, die beliebig oft wiederholt werden kann.
*	=	Wiederholungszeichen (d. h. das Muster zwischen zwei * wird fortlaufend wiederholt)
R.	=	Reihe
re. M.	=	rechte Masche
re. verschr.	=	rechts verschränkt stricken
Rd.	=	Runde
str.	=	stricken
überz.	=	überziehen
Umschl.	=	Umschlag
wiederh.	=	wiederholen
zun.	=	zunehmen
zus.str.	=	zusammenstricken

51
Lustige
Clowns

4. TEIL

Verkleiden macht Spaß

Mindestens einmal im Jahr ist Verkleidungszeit – dann wünschen sich alle Kinder die schönsten und aufregendsten Kostüme. Die große Zeit der Cowboys und Indianer ist vorbei: Größere Jungen und Mädchen möchten heute gern Pirat, Batman oder Abenteurer sein, als Gespenst oder Dracula Schrecken verbreiten oder als fröhliche Clowns Witze machen. Manche Mädchen entwickeln auch romantische Ideen: einmal wunderschöne Prinzessin sein oder auf einem Kinderfest Glückskäfer spielen. Für alle diese Kostüme brauchen Sie nicht viel Zeit und Material – sie werden nach ganz einfachen Schnitten genäht und mit Zubehör entsprechend aufgemöbelt. Viele der hier gezeigten Vorschläge können Sie so abwandeln, daß sie sich im nächsten Jahr in ein völlig neues Kostüm verwandeln.

51 Lustige Clowns in Größe 128

Beide Kostüme entstehen nach einem einfachen Overallschnitt mit langen Ärmeln. Dazu kommen riesige Halskrausen aus Tüll und fertig gekaufte oder selbstgebastelte Harlekinhüte. Die Overalls können später als Schlafanzüge weitergetragen werden: Der eine ist aus außen glänzendem, innen angerauhtem Pyjamastoff, der andere aus hellblauem und rosafarbenem Nachthemdenflanell. Wichtig bei diesen Kostümen: Schminken Sie das Gesicht mit weißer Theaterschminke, malen Sie Nase und Mund leuchtend rot an und umranden Sie die Augen mit langen, schwarzen Wimpern. Darunter kommt eine einzelne, kleine Träne.

Nach dem gleichen Schnitt können Sie Tierkostüme und Hausanzüge nähen: Für die Tiere nehmen Sie weiches Puschelfell mit entsprechender Musterung (Katze, Tiger, Eisbär zum Beispiel). Damit die Tierkostüme auch Ohren bekommen, sollten Sie eine Kapuze (nach dem Schnittschema rechts) an den Overall setzen und daran die Ohren nähen. Für einen Hausanzug eignen sich am besten Nicky- und Flauschstoffe. Praktisch als Verschluß: Nietendrucker oder Reißverschlüsse.

ANLEITUNG:

Stoffverbrauch: Je 1,80 m hellblauer und rosafarbener Baumwollstoff, 0,90 m breit. Drei Pompons und 5 Metalldruckknöpfe sowie 1 schmales Gummiband. Für den Tüllkragen 1,50 m Tüll, 80 cm breit. Zackenlitze (je 1,50 m), in Rot, Grün und Blau sowie Glitzerpaste in verschiedenen Farben. 1,50 m weißes Satinschrägband, 3 cm breit.

Zuschneiden und Nähen: Alle Teile mit 2 cm breiten Nahtzugaben zuschneiden. An den Bein- und Ärmellängen 5 cm breite Säume zugeben. Für die Halskrause einen 55 cm langen und 8 cm breiten Schrägstreifen zuschneiden. Die inneren und äußeren Beinnähte sowie die rückwärtige Mittelnaht bis zum vorderen Verschluß schließen. Die Ärmelnähte schließen und die Ärmel ansetzen. Die angeschnittenen Belege als Ober- und Untertritt umbügeln und die Kanten absteppen. Den Streifen für die Halskrause zur Hälfte zusammenlegen, an den Schmalkanten verstürzen und die Schnittkanten zusammen einkräuseln. Die Halskrause ansteppen. Den vorderen Verschluß mit Druckknöpfen schließen. Die Pompons annähen. Ärmel- und Hosenbeinsäume für den Gummizug 3 cm breit umsteppen und Gummiband einziehen.

Tüllkragen: Den Tüll in drei verschieden breite (20, 22 und 24 cm) und jeweils 1,50 m lange Streifen schneiden. Die Tüllkanten an einer Längsseite aufeinanderlegen und einkräuseln (auf 30 bzw. 35 cm). Die Kräuselkante mit dem Satinstreifen einfassen, dabei die Enden verstürzen und als Bindebänder hängen lassen. Auf die Rüschenkanten Zackenlitze steppen. Die Rüsche mit Tupfen (Glitzerpaste) verzieren.

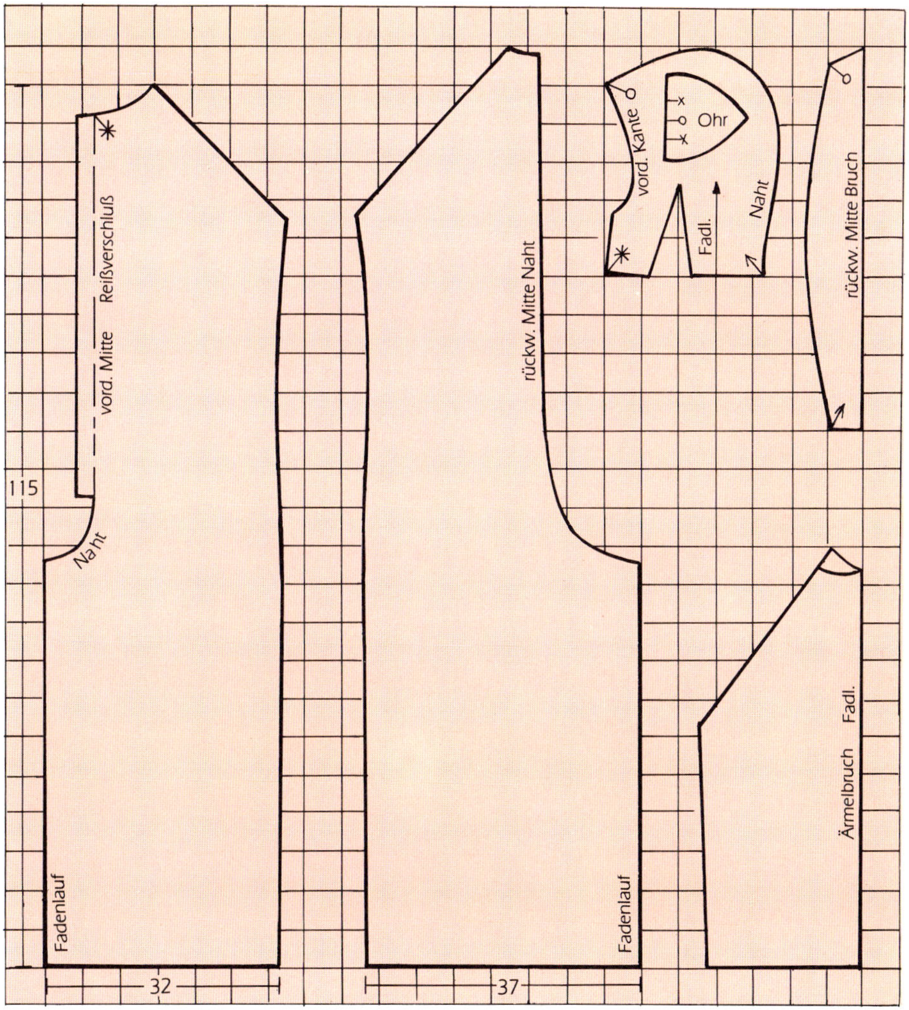

Ein Karo ist 5x5 cm groß

52 Prinzessin

Wunderschön anzusehen ist die Prinzessin in ihrem rosaroten Taftkleid. Das Kleid können Sie ohne Schnitt zuschneiden, es besteht aus zwei geraden Teilen und wird im Oberteil dicht an dicht mit elastischen Nähfäden angekraust. Der kostbare Eindruck entsteht durch die vielen aufgenähten Schleifen aus pastellfarbenen Geschenkbändern (dabei kann Ihre Tochter Ihnen helfen). Wenn Sie das Kleid aus einem duftigen Baumwollstoff nähen, die Schleifen wieder abnehmen und den Saum etwas kürzen, sieht es auch als Sommerkleid niedlich aus. Sie können dieses Kleid für alle Größen nähen – geändert wird nur die Länge, die Weite paßt sich durch den Gummizug an.

ANLEITUNG:

Stoffverbrauch: 2,50 m Stoff (für Gr. 128, sonst je nach Körpergröße mehr oder weniger), 90 cm breit; 6 Päckchen farbige Schleifenbänder, 1 cm breit; elastischer Nähfaden.

Zuschneiden und Nähen: Das fertige Kleid hat eine Länge von 80 cm (inkl. Rüsche an der Kleiderlänge). An der unteren Saumkante ist das Kleid 1,52 m weit. Für das Kleid 2 Bahnen von jeweils 85 cm Länge und 80 cm Breite zuschneiden. Für die Träger zwei 30 cm lange und 3 cm breite Schrägstreifen zuschneiden, dazu zwei Rüschen, 50 cm lang und 8 cm breit, zuschneiden und die Enden schmal auslaufen lassen. Die Rüschen für das Kleid 6 cm breit und 2,70 m lang zweimal zuschneiden. Die oberen Kanten der Kleiderbahnen 4 cm breit umbügeln. Die Oberteile mit großeingestelltem Maschinenstich in steppfußbreiten Abständen 9 cm breit einkräuseln (2 cm von der oberen Kante entfernt beginnen). Als Oberfaden Nähseide und als Unterfaden elastischen Nähfaden nehmen. Die Seitennähte schließen. Die eine Seite der Rüschen an einer Seite mit Zickzackstichen versäubern, die andere einkräuseln. Die erste Rüsche an die Kleiderlänge setzen, die zweite 30 cm höher. Die Trägerrüschen an der Außenseite mit Zickzackstichen versäubern, einkräuseln und die Kräuselseite mit den Schrägstreifen 1 cm breit einfassen. Das Kleid anziehen, die Träger feststecken und annähen. Aus den Schleifenbändern etwa 25 Schleifen binden und auf das Kleid nähen.

52
Prinzessin

54
Biene Maja und Marienkäfer

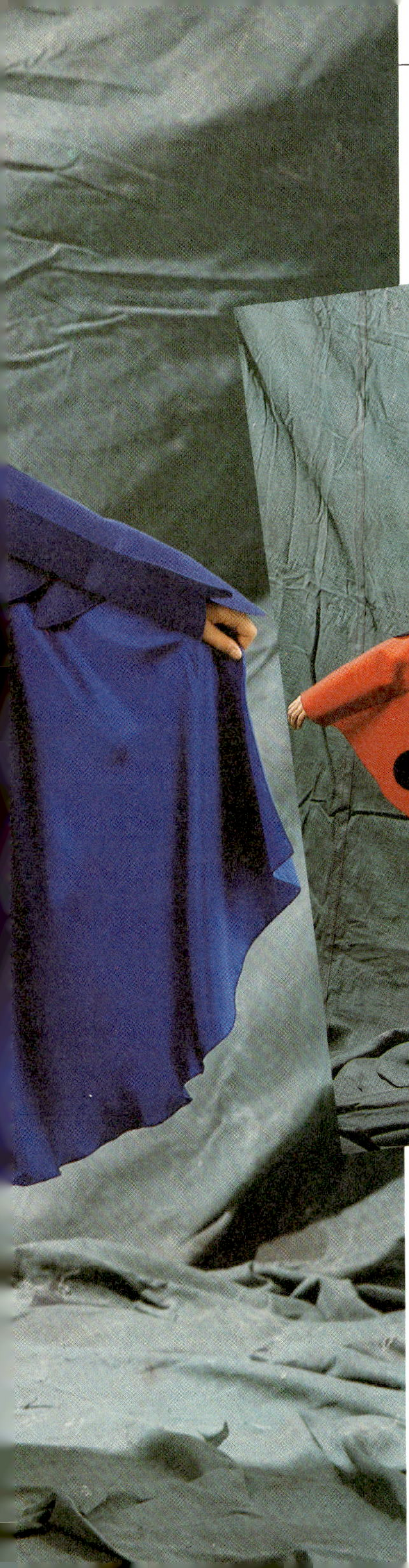

53
Dracula und Batman

53 Dracula und Batman in Größe 128 bis 152

Ein Umhang ist das ganze Geheimnis dieser schwungvollen Kostüme. Die Wirkung hängt davon ab, aus welchem Stoff Sie ihn nähen, und welche Zutaten dazukommen. Der glänzende Faschingssatin, die Kapuze und die blaue Farbe sind typisch für Batman. Graf Dracula ist unschwer am schwarzen Cape mit dem hohen Kragen zu erkennen. Unter den Umhängen werden T-Shirts, Pullover, Blusen oder Sweatshirts, Strumpfhosen oder enge, lange Unterhosen in dunklen Farben angezogen. Notfalls läßt sich alles einfärben, damit es die richtige Farbe bekommt. Bei Batman spielt sogar die Badehose mit, zünftig eingerahmt von einem Filzgürtel! Wenn Sie den Umhang zum Beispiel aus grünem Stoff nähen, Hut, Pfeil, Bogen und Stulpen dazunehmen, haben Sie den schönsten Robin Hood. Das schwarze Cape kann samt Zylinder im nächsten Jahr der Rahmen für einen Zauberer sein, und der Batman-Mantel (ohne Kapuze) geht auch als Superman- oder Ritter-Umhang.

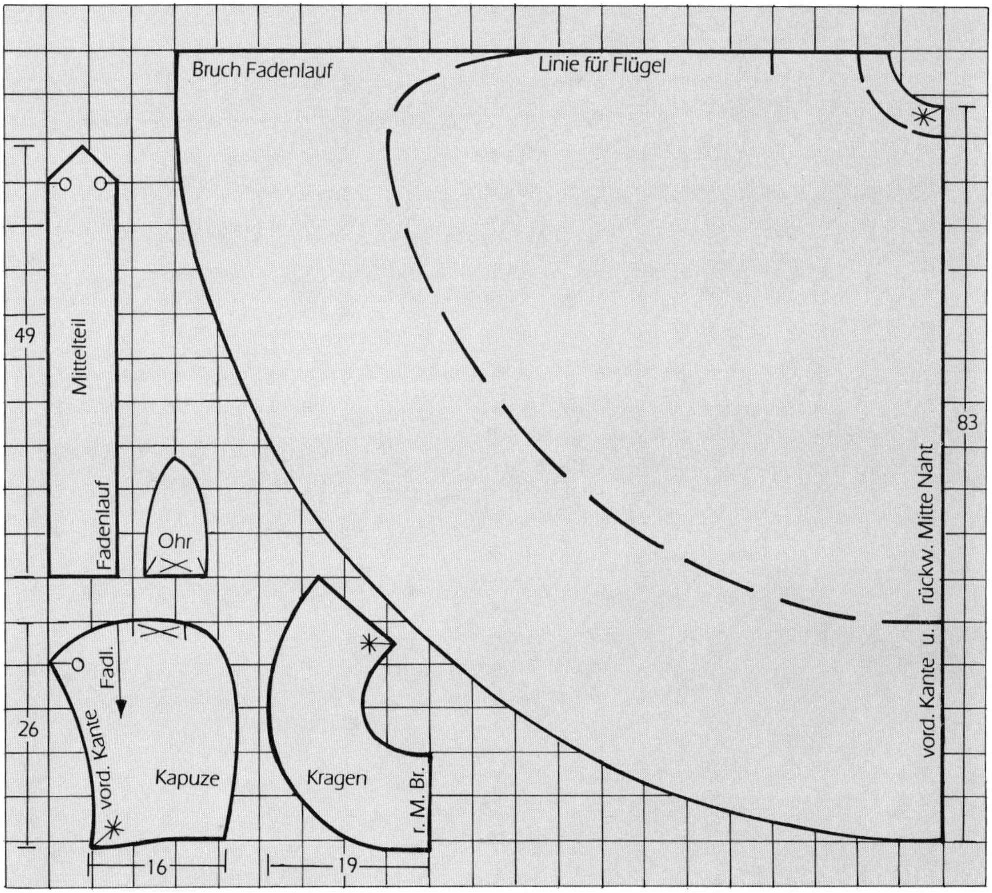

Dracula und Batman: Gr. 128 bis 152 ______
Biene Maja und Marienkäfer: Gr.128 _ _ _ _

ANLEITUNG:

Stoffverbrauch: 3,50 m blaue Faschingsseide für Batman, 3,50 m schwarze und weiße Faschingsseide für Dracula, alle 0,90 m breit. Jeweils 0,60 m Bindeband.

Zuschneiden und Nähen: Für die Umhänge zwei Halbkreise zuschneiden und die Nähte schließen. Die Kanten schmal umsteppen oder kanteln.

Bei Batman für die Kapuze zwei Seitenteile, ein Mittelteil und vier Ohren zuschneiden. Die Ohren verstürzen, mit Blumendraht oder Pappe versteifen und mit Watte polstern. Die Kapuze zusammennähen, dabei die Ohren zwischenfassen. Den Kapuzenrand umsteppen und die Kapuze in den Umhang setzen, Bindebänder annähen.

Dracula bekommt einen schwarzen Umhang mit weißem Futter und einen hohen, runden Kragen. Die vorderen Kanten des Umhangs mit dem Futter verstürzen und am Halsausschnitt zusammenheften. Den Kragen mit viel Vlieseline oder Pappe versteifen und verstürzen, in den Halsausschnitt einsetzen und die Bindebänder annähen.

54 Biene Maja und Marienkäfer in Größe 128

Diese flatterhaften Kostüme sind im Handumdrehen fertig. Sie haben fast den gleichen Schnitt wie die Umhänge für Batman und Graf Dracula, werden aber jeweils einzeln für jeden Arm zum Flügel zusammengenäht und mit einem Band am Halsausschnitt zusammengehalten. Wenn Sie Filz für diese Kostüme nehmen, brauchen Sie die Kanten nicht zu versäubern. Bei Biene Maja sind die Flügel schlicht weiß, die Punkte vom Marienkäfer werden aufgeklebt. Nach diesem Schnitt lassen sich zum Beispiel auch schillernd-schöne Schmetterlingsflügel aus verschiedenfarbigen Satinstoffen basteln, bei denen die Kinder selber mithelfen können. Der Schnitt für die Biene und den Marienkäfer ist im Umhangschnitt als gestrichelte Linie eingezeichnet.

ANLEITUNG:

Stoffverbrauch: 0,70 m gelber oder roter Filz, 1,40 m breit. Für die schwarzen Punkte Filz- oder andere Stoffreste. Jeweils 1,20 m Satinband, 1 cm breit.

Zuschneiden und Nähen: Die Flügel ohne Nahtzugaben zuschneiden (wenn Sie andere Stoffe verwenden, müssen Sie rundherum 1 cm Nahtzugabe zugeben). Die vorderen Kanten 15 cm nach innen kippen und als kleine Ärmel 18 cm lang zusteppen. Für den Marienkäfer 10 Punkte (8 cm Durchmesser) zuschneiden und großzügig verteilt aufkleben. Das Satinband als Bindeband auf die Halsausschnittkante steppen.

55
Pirat
56
Gespenst

55 Pirat in Größe 128 und 152

Das Kostüm steht und fällt mit der Augenbinde und dem Kopftuch, aber auch die glänzende, halblange Hose und die schwarze Filzweste sind besonders zünftig. Diese beiden Schnitte sind vielseitig zu verwenden: Vom Sultan über den Räuber und Till Eulenspiegel bis zum tapferen Schneiderlein sind Hose und Weste oft das Tüpfelchen auf dem i, mit dem vorhandene Sachen schnell verwandelt werden. Wichtig als Dekoration für den Piraten: goldglänzende Ketten und eine blaue Satinschärpe. Die Tätowierungen auf den Armen gibt's als Abreibebilder in Papierwarengeschäften zu kaufen.

ANLEITUNG:

Stoffverbrauch: Für die Weste 0,65 m schwarzer Filz, 1,40 m breit für Gr. 128 (Gr. 152 = 0,75 m). Für die Hose 0,85 m gestreifte Faschingsseide, 1,40 m breit für Gr. 128 (Gr. 152 = 1 m). Für die Schärpe 0,30 m blauen Faschingssatin, 0,90 m breit; 1,50 m Gummiband.

Zuschneiden und Nähen: Die Weste ohne Nahtzugaben (siehe unten) und die Hose mit 2 cm breiten Nahtzugaben zuschneiden. Für das Taillenbündchen und die Hosenbeinaufschläge 7 cm zugeben (weiter auf S. 158).

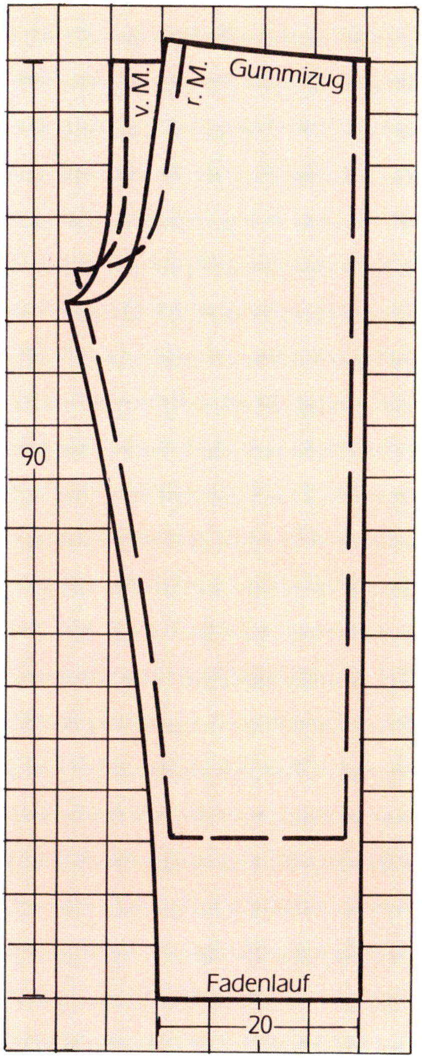

Ein Karo ist 5x5 cm groß
Gr. 128 ---- Gr. 152 ____

Weste: Die Nahtzugabe am Kragen ist 0,5 cm breit. Die Schulternähte und die rückwärtige Kragennaht schließen. Den Kragen einsetzen.
Hose: Die inneren und äußeren Beinnähte schließen. Die vordere und rückwärtige Mittelnaht (Schrittnaht) steppen. Die obere Kante umbügeln, für den Gummizug zweimal durchsteppen und das Gummiband auf bequeme Taillenweite einziehen. Die Hosenbeinlängen umsäumen und einen 3,5 cm breiten Aufschlag einbügeln.
Schärpe: Den Satinstreifen an den Enden spitz auslaufend zuschneiden, Kanten umsteppen.

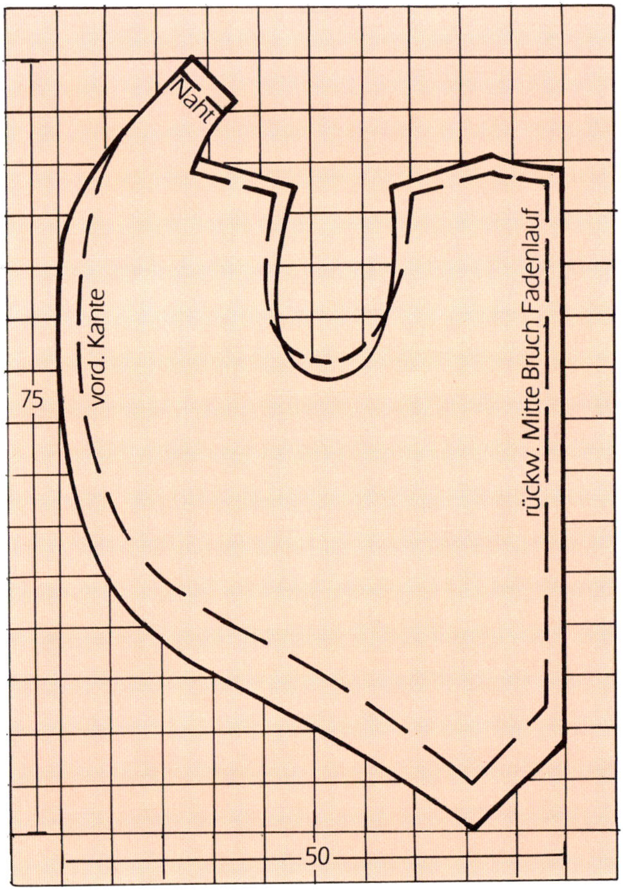

Weste
Ein Karo ist 5x5 cm groß
Gr. 128 _ _ _ _ Gr. 152 ______

56 Gespenst

Dieses zweiteilige Kostüm wird zwar wie üblich aus einem alten Bettlaken samt Kopfkissen genäht, hat aber den Vorteil, daß es nicht ständig verrutscht, sondern ein ganzes Fest lang perfekt und bequem sitzt. Die beiden Zutaten werden mit ein paar Nähten in Form gebracht (siehe unten) und durch die blau unterlegten Augenlöcher besonders schaurig zurechtgemacht. Kopfputz und Umhang passen für alle Größen.

ANLEITUNG:

Material: Kopfkissenbezug, Bettlaken und blaue Folie.

Kopfputz: Kopfkissen mit einer Ecke über den Kopf stülpen und die Kopfform abstecken. Die Augenlöcher ausschneiden und mit blauer Folie unterlegen. Die Länge in Brusthöhe abrunden.

Umhang: In die Mitte des Bettlakens ein Loch für den Kopf schneiden. Bei ausgestreckten Armen des Kindes die Breite abmessen. Um die Taille eine Kette legen und dann die Länge zuschneiden. Die offenen Seiten bis zur Hüfte zunähen.

Tip: Weniger gruselig wirkt das Gespensterkostüm mit dieser Veränderung: Bemalen Sie den weißen Stoff mit schwarzen Zeichen und Klecksen. Die Augen werden nur mit schwarzer Farbe umrandet. Wenn Sie dann noch Hui-Buh draufschreiben und einen roten Tropfen unters Augenloch setzen, ähnelt das Gespenst der beliebten Buchfigur aus „Das kleine Gespenst". Wichtiges Zubehör: die Rasselkette.